Prozessintelligenz

Elke Brucker-Kley

Denisa Kykalová

Thomas Keller

(Hrsg.)

Prozessintelligenz

Business-Process-Management-Studie –
Status quo und Erfolgsmuster

Herausgeber

Elke Brucker-Kley
Institut für Wirtschaftsinformatik
ZHAW School of Management and Law
Winterthur, Schweiz

Thomas Keller
Institut für Wirtschaftsinformatik
ZHAW School of Management and Law
Winterthur, Schweiz

Denisa Kykalová
Sanacare AG
Winterthur, Schweiz

ISBN 978-3-662-55704-4   ISBN 978-3-662-55705-1 (eBook)
https://doi.org/10.1007/978-3-662-55705-1

Die Deutsche Nationalbibliothek verzeichnet diese Publikation in der Deutschen Nationalbibliografie; detaillierte bibliografische Daten sind im Internet über http://dnb.d-nb.de abrufbar.

Springer Gabler
Dieses Buch ist eine Open-Access-Publikation.

Danksagung

Das Studienteam der ZHAW School of Management and Law dankt allen an den Fallstudien beteiligten Unternehmensvertretern, die ihre wertvolle Zeit für die Erarbeitung, Diskussion und Auswertung bereitgestellt haben. Auf der Grundlage ihrer Erfahrungen ist es gelungen, Herausforderungen, Lösungswege und Erfolgsmuster im Kontext der digitalen Transformation für ein breites Spektrum an Branchen und Anwendungsfällen zusammenzutragen und zu teilen.

Die Business-Process-Management-Studie und das BPM-Symposium an der ZHAW School of Management and Law sind Gefässe der angewandten Forschung und Entwicklung, die ohne die Beiträge von Wirtschaftspartnern nicht möglich sind. Das Studienteam der ZHAW School of Management and Law dankt den Unternehmen Axon Ivy und SBB nicht nur für die finanzielle Unterstützung, sondern insbesondere für die Sicherstellung der Praxisrelevanz der Studie.

Herausgeber und Autoren

Die Praxisvertreter und Co-Autoren der Fallstudien

Andreas Barrattiero, Leiter Finanzverarbeitung, Mitglied der Direktion, St.Galler Kantonalbank

Pirmin Fröhlicher, Frank Heister und Curdin Ragaz, Simulation Team, Global Clinical Demand and Supply Management, F. Hoffmann-La Roche

Léonard Studer, BPM and e-gov Change Management Advisor, Ville de Lausanne

Ines Leario, City Development and Communication, Ville de Lausanne

Reimund Rozek, Head Business Process & Information Management, Axa Winterthur

Prof. Dr. Marco Mevius, Direktor des Konstanzer Instituts für Prozesssteuerung (kips) an der HWTG Konstanz

Florian Kurz, Akademischer Mitarbeiter des Konstanzer Instituts für Prozesssteuerung (kips) an der HWTG Konstanz

Die Herausgeber und das Autorenteam der Zürcher Hochschule für Angewandte Wissenschaften School of Management and Law, Winterthur

Elke Brucker-Kley ist Leiterin des BPM Research Lab am Institut für Wirtschaftsinformatik. Sie betreut studentische Arbeiten in Kooperation mit Wirtschaftspartnern und leitet Forschungs- und Beratungsprojekte in den Themenbereichen Solution Design, Prozessmanagement und Enterprise Architecture. Ihr Forschungsschwerpunkt liegt auf der Nutzung interdisziplinärer Ansätze zur Gestaltung wirksamer soziotechnischer Systeme.

Denisa Kykalová ist Fachspezialistin für medizinische Programme bei der Sanacare AG in Winterthur. Sie war zum Zeitpunkt der Studie wissenschaftliche Mitarbeiterin und Projektleiterin am Institut für Wirtschaftsinformatik und leitete dort Forschungs- und Beratungsprojekte in den Themenbereichen Informations- und Prozessmanagement in verschiedensten Branchen mit einem Fokus auf dem Energiesektor.

Prof. Dr. Thomas Keller ist Professor am Institut für Wirtschaftsinformatik. Er doziert zu den Themen Prozessautomatisierung und Enterprise Architecture im Bachelor- und Masterstudiengang Wirtschaftsinformatik und in der Weiterbildung. Zu seinen Forschungsschwerpunkten zählen Prozessautomatisierung, Prozessintegration und Enterprise Engineering.

David Grünert ist wissenschaftlicher Mitarbeiter am Institut für Wirtschaftsinformatik. Er unterrichtet Software Engineering im Studiengang Wirtschaftsinformatik und forscht zu neuen

Modellierungsansätzen für Geschäftsprozesse sowie dem Einsatz von Gesten- und Sprachsteuerung zur Bearbeitung von Modellen.

Raphael Schertenleib ist Mitarbeiter am Institut für Wirtschaftsinformatik und unterrichtet an der HFW Thurgau im Bereich Wirtschaftsinformatik. Zu seinen Beratungs- und Forschungsschwerpunkten zählen Informations-, Projekt-, Prozessmanagement und Prozessautomatisierung.

Ueli Schlatter ist Dozent am Institut für Wirtschaftsinformatik der ZHAW School of Management and Law. Er ist Mitglied der Fachstelle Business Process Integration & Sourcing. Neben der Lehrtätigkeit im Bachelor- und Masterstudiengang sowie in der Weiterbildung leitet er Forschungs- und Beratungsprojekte in den Themenbereichen Prozess-, Organisations- und Change Management in Verbindung mit Informationssystemen.

Karlheinz Schwer ist Wissenschaftlicher Mitarbeiter an der ZHAW School of Management and Law. Er ist Mitglied der Fachstelle für Knowledge und Information Management und leitet Beratungsprojekte in den Themenschwerpunkten Business Intelligence, Finanzplanung, Reporting und Prozessmanagement mit einem Fokus auf dem Gesundheits- und Energiesektor.

Inhaltsverzeichnis

III   Die quantitative Studie – Status quo «Prozessintelligenz»

IV   Zusammenfassung der Ergebnisse

V   Anhang

Abbildungsverzeichnis

Tabellenverzeichnis

Studienrahmen

«Prozessintelligenz»: Gegenstand und Ziele der Studie

Elke Brucker-Kley, Denisa Kykalová und Thomas Keller

© Der/die Autor(en) 2018
E. Brucker-Kley et al. (Hrsg.), *Prozessintelligenz*, https://doi.org/10.1007/978-3-662-55705-1_1

«Intelligente Prozesse, «intelligentes Prozessmanagement», «iBPM» sind Schlagworte, die in erster Linie eingesetzt werden, um Technologien zu vermarkten. Die Begriffe lassen viel Raum für Interpretation und Assoziationen. Können Unternehmen den Hype ignorieren oder bietet «Prozessintelligenz» die Chance, das Prozessmanagement aus einem anderen Blickwinkel zu betrachten und weiterzuentwickeln? Doch was ist Prozessintelligenz? Welche Lösungsansätze, Erfahrungen und Erfolgsmuster gibt es bereits in Unternehmen? Welche Methoden und Werkzeuge kommen zum Einsatz, um Prozesse «intelligenter» zu machen? Diesen Fragen hat sich die Business-Process-Management-Studie 2015 gestellt, mit der das Institut für Wirtschaftsinformatik der Zürcher Hochschule für Angewandte Wissenschaften School of Management and Law seit 2011 regelmässig Status quo und Best Practices im deutschsprachigen Raum erhebt.

1.1 Forschungsgegenstand und Ausgangslage

Als die Gartner Research Group 2011 den Begriff «iBPM» lancierte, ging es ihr darum, einen erweiterten Satz an Funktionalitäten von Business-Process-Management (BPM)-Suiten zu definieren. Die Analysten waren zum Schluss gekommen, dass die zum damaligen Zeitpunkt auf dem Markt verfügbaren BPM-Lösungen die gestiegenen Anforderungen der Unternehmen nicht mehr erfüllen konnten[1]. Sie propagierten eine neue Generation von BPM-Suiten, die neben den klassischen Funktionalitäten auch über analytische, soziale und mobile Fähigkeiten verfügen sollten (Gartner 2011).

Doch der Begriff «Prozessintelligenz» war 2011 nicht neu. In der Wirtschafts- und Informatikforschung werden seit Beginn der frühen 2000er-Jahre Definitionen, Konzepte und Referenzarchitekturen für «Business Process Intelligence» (Linden et al. 2010) oder «Operational Intelligence» (Bauer und Schmid 2009) entworfen und bis heute weiterentwickelt.

Vergleicht man die verschiedenen Definitionen, wird der rote Faden deutlich (◘ Abb. 1.1). Im Wesentlichen geht es darum, die beiden Konzepte Business Process Management und Business Intelligence[2] zu vereinen, um deren Methoden und Werkzeuge konzertiert einsetzen zu können. Offensichtlich haben sich die beiden Disziplinen seit den frühen 1990er-Jahren weitestgehend unabhängig voneinander entwickelt, um die wachsende Masse an geschäftsrelevanten Daten auf der einen Seite (BI) und die zunehmend komplexen Wertschöpfungsketten auf der anderen Seite (BPM) beherrschen zu können (◘ Abb. 1.2). Diese «Paralleluniversen» existieren bis heute in der Praxis: Nicht nur in grossen Organisationen findet BPM und BI entkoppelt und in der Regel in verschiedenen Organisationseinheiten statt. Schnittmengen gibt es vereinzelt beim Reporting oder wenn es darum geht, Prozesskennzahlen in das organisationsweite Performance Management zu integrieren. Innovationen wie Process Mining[3], das Data Mining und Prozessanalyse kombiniert, geben Hinweise auf das Potenzial, das in einer Kombination beider Disziplinen steckt, vorausgesetzt, man berücksichtigt die speziellen Anforderungen an die Aufbereitung, Analyse und Interpretation operativer Prozessdaten.

---

[1] Lawton (2015) zitiert einen Tweet des ehemaligen Gartner Research VP Jim Sinur, der den Begriff iBPM 2011 prägte: «It was clear that the kind of processes companies wanted to attempt went way beyond the kind of process technologies [that were] available [around] 2011.».
[2] Als Business Intelligence wird die entscheidungsorientierte Sammlung, Aufbereitung und Darstellung geschäftsrelevanter Informationen bezeichnet (Schrödl 2006).
[3] Process Mining ist definiert im Kontext der Fallstudie der Stadt Lausanne in ▶ Abschn. 3.3.

» Data-Warehouse (DWH)- bzw. Business-Intelligence (BI)-Werkzeuge verarbeiten zwar (sehr viele) Daten, die in den Prozessen entstehen, haben jedoch in aller Regel keine explizite Vorstellung eines Prozesses, von prozessrelevanten Artefakten oder sonstigen Elementen des BPM-Zyklus (BPM CBOK – Common Body of Knowledge, EABPM 2014, S. 365).

Während BI einen mächtigen Methoden- und Werkzeugkasten für die Sammlung, Aufbereitung und Darstellung von Daten bereitstellt, sind es vor allem die operativen Daten selbst, die in den Prozessen entstehen und die es nutzbar zu machen gilt. Der Fokus in den existierenden Definitionen zu Prozessintelligenz liegt klar auf der Verfügbarmachung und Analyse von operativen Prozessdaten und deren Nutzung zum einen für die Überwachung und Optimierung von Prozessen und zum anderen für die Regelung und Flexibilisierung von Prozessen (Genrich 2008; Hall 2004; Harmon 2004; Hosny 2009; Rowe 2007; Sohail und Dhanapal 2012).

▫ Abb. 1.1 Definitionen für Prozessintelligenz

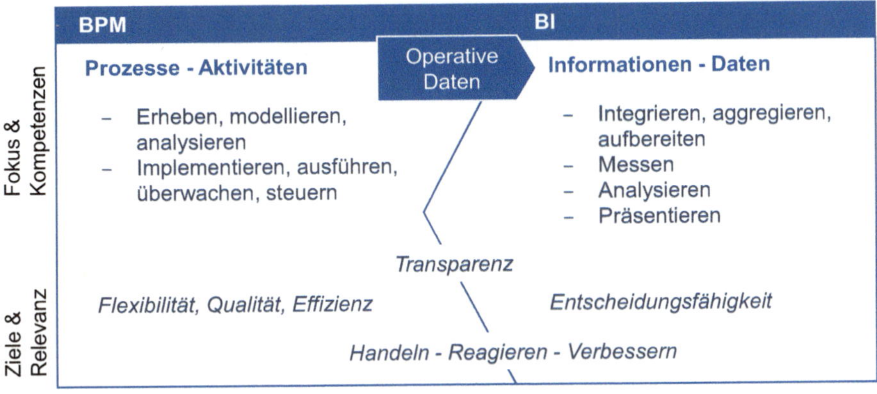

▫ Abb. 1.2 Business Process Management und Business Intelligence

In diesem Sinne propagiert Prozessintelligenz eine datenzentrische[4] Sicht auf das Prozessmanagement und erweitert die klassische Sicht des Prozessmanagements, die sich auf Aktivitäten und Rollen konzentriert. Erkenntnisse aus den Analysen der operativen Daten können sowohl in das Prozessdesign als auch in die Prozessausführung einfliessen.

» Process intelligence deals with intelligently using the data generated from the execution of the process (Fundamentals of Business Process Management, Dumas et al. 2013).

Prozessintelligenz liefert somit Lösungsansätze für Unternehmen, die ihr Prozessmanagement in Richtung Operationalisierung und kontinuierliche Optimierung weiterentwickeln wollen. Die ZHAW-Studie «Prozessmanagement 2014» (Brucker-Kley et al. 2014) hat gezeigt, dass Unternehmen im deutschsprachigen Raum ihr Prozessmanagement zunehmend strategisch ausrichten und organisatorisch verankern. Auch IT-Werkzeuge werden verstärkt sowohl für die Prozessmodellierung als auch für die Prozessautomatisierung eingesetzt. Unternehmen scheinen eine klare Vorstellung zu haben, wie sie die Entwicklungsstufen «Transparenz» und «Operationalisierung» erreichen können (◘ Abb. 1.3). Schwach ausgeprägt hingegen waren das Monitoring der Prozessausführung und die Leistungsmessung, obwohl Effizienzsteigerung nach Standardisierung als wichtigstes Ziel des Prozessmanagements genannt wurde. Entweder sieht das Prozessmanagement in Unternehmen diese Aufgaben nicht als Teil des Leistungsauftrags oder es fehlen Voraussetzungen, um die Prozesse effektiv überwachen und die Erkenntnisse für die kontinuierliche Optimierung nutzen zu können.

GESTALTUNGSEBENEN UND ENTWICKLUNGSSTUFEN EINES GANZHEITLICHEN BPM

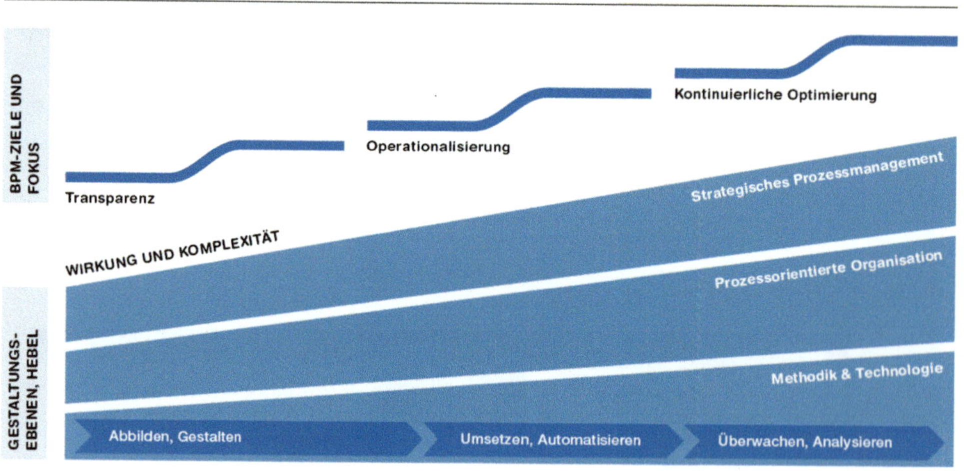

◘ **Abb. 1.3** Gestaltungsebenen und Entwicklungsstufen eines ganzheitlichen BPM. (Brucker-Kley et al. 2014)

---

[4] Datenzentrische Ansätze für das Prozessmanagement (= «data-centric, information-centric artifact-centric») finden in der Forschung aktuell verstärkt Beachtung, da sie grosses Potenzial für die Flexibilisierung und Entscheidungsunterstützung in Prozessen versprechen (Brucker-Kley et al. 2014).

An diesem Punkt setzt die BPM-Studie 2015 an. Sie betrachtet «Prozessintelligenz» als einen interessanten Ansatzpunkt, um die Wirksamkeit des Prozessmanagements in Unternehmen zu erhöhen. Zu untersuchen sind:

1. **Die Voraussetzungen und der Status quo in der Praxis** durch eine quantitative Erhebung:
   In welcher Ausprägung werden die Konzepte, Methoden und Technologien für Prozessintelligenz, die in der Forschung und von Lösungsanbietern propagiert werden, in Unternehmen im deutschsprachigen Raum bereits eingesetzt?

2. **Die Erfolgsmuster in der Praxis** durch eine qualitative Erhebung:
   Welche Erfahrungen, Lösungsansätze und Resultate können Unternehmen, die bereits Prozessintelligenz-Szenarien umgesetzt haben, aufweisen?

1.2 Studiendesign und Ergebnisse

Die Business-Processmanagement-Studie 2015 widmet sich dem Thema «Prozessintelligenz». Ziel der Studie ist es, zum einen Best Practices im Sinne von Erfolgsmustern am Beispiel konkreter Fallbeispiele zu identifizieren und zum anderen den Status quo «Prozessintelligenz» in Unternehmen im deutschsprachigen Raum zu erheben. Welche Methoden und Werkzeuge aus den Fachbereichen BPM und BI werden kombiniert? Was sind die strategischen und operativen Zielsetzungen? Wie stellen Unternehmen sicher, dass Erkenntnisse aus operativen Daten für die Steuerung und Optimierung ihrer Geschäftsprozesse genutzt werden?

1.2.1 Hypothesen

Ausgehend von den Erkenntnissen zum Stand von Forschung und Erfahrungswerten aus der Praxis wurden folgende Ausgangshypothesen formuliert:

- Der **Lösungsraum** für Prozessintelligenz kombiniert Methoden und Werkzeuge für Design, Ausführung, Analyse und Optimierung von Geschäftsprozessen (BPM) mit Methoden und Werkzeugen für die Sammlung, Analyse und Darstellung geschäftsrelevanter Daten (BI), um im Hinblick auf die Unternehmensziele bessere strategische und operative Entscheidungen und eine effizientere, effektivere und flexiblere Prozessausführung zu ermöglichen.

- Der **kombinierte Einsatz von Methoden und Werkzeugen aus der BPM- und der BI-Welt** birgt **grosses Nutzenpotenzial**. Analytische Fähigkeiten und operative Daten liefern wichtige Erkenntnisse für die Prozesssteuerung und -optimierung. Das Prozessmanagement kann sicherstellen, dass Informationen aus dem unternehmerischen Planungs- und Steuerungszyklus (Ziele, Kennzahlen, Ist-Ermittlung, Ist/Soll-Analyse, Massnahmen) in das Prozessdesign einfliessen und in der operativen Prozessausführung und -steuerung effektiv eingesetzt werden können (strategische Ausrichtung).

- Es existiert bereits ein breites Spektrum von unterschiedlich reifen und unterschiedlich komplexen **Methoden und Techniken im BPM- und BI-Lösungsmarkt**, um Prozessintelligenz-Anforderungen umzusetzen, das heisst, um die Prozessausführung zu analysieren und die Entscheidungs- und Reaktionsfähigkeit in Prozessen zu erhöhen.

- **Unternehmen nutzen die Potentiale eines kombinierten Einsatzes von BPM- und BI-Methoden und Technologien vielfach noch nicht.** BI und BPM-Kompetenzen sind in vielen Organisationen entkoppelt.

- Die **Verfügbarkeit operativer Daten** spielt eine zentrale Rolle in der Umsetzung eines intelligenten Prozessmanagements. Sie können auf der Basis historischer Daten oder in Echtzeit nicht nur aus den Logfiles einer Prozess-/Workflow-Engine, sondern aus verschiedenen **Quellen** wie Geschäftsapplikationen, Prozess-Engines oder externen Datenquellen bezogen werden. Die Existenz einer **unternehmensweiten Integrationsinfrastruktur** (EAI, Enterprise Service Bus) unterstützt die Verfügbarkeit aktueller operativer Daten bis hin zu Echtzeitdaten insbesondere für Szenarien, in denen die Prozessausführung flexibilisiert und die Reaktionsgeschwindigkeit auf Prozessereignisse verkürzt werden soll.
- Die technische Basis für die Integration, Aggregation und Analyse grosser Datenmengen sowie zur Aufbereitung der Analyseergebnisse ist insbesondere in **kleineren und mittleren Unternehmen** nur vereinzelt oder in **geringer Ausprägung** vorhanden.
- Es gibt Unternehmen, die bereits Prozesse und Prozessdaten (historisch und real-time) analysieren und auf dieser Grundlage Prozesse optimieren und die Prozessausführung steuern. Dies sind primär Grossunternehmen, die hierfür komplexe und mächtige Technologien einsetzen.
- Diese Lösungen bauen überwiegend auf Geschäftsapplikationen oder Core Business Engines (z. B. ERP-Systemen oder Branchenlösungen wie Kernbankensystemen) und komplexen Datenaggregations- und Integrationslösungen auf. Ein integrierter Einsatz von BPM-Systemen (konkret Process-Engines, Workflowsystems) und BI-Lösungselementen (z. B. Datawarehouses, Datamining, Predictive Analytics, Dashboards) ist noch wenig ausgeprägt. Standard-Schnittstellen (z. B. für Big und Open Data Integration) sind kaum vorhanden.
- Die **relevanten Anwendungsszenarien** für Prozessintelligenz hängen von den **strategischen und operativen Prämissen und Zielsetzungen** eines Unternehmens oder eines konkreten Geschäftsvorhabens ab. Unternehmen können die Nutzenpotenziale von Prozessintelligenz ausschöpfen, um
  - Prozessleistung zu überwachen und zu optimieren;
  - Prozessrisiken zu minimieren und die Konformität von Prozessen zu prüfen (Soll/Ist-Execution-Gaps, Compliance, Qualitätsmanagement);
  - Kunden-/Kontextorientierung zu verbessern;
  - Entscheide in Prozessen zu unterstützen;
  - Prozessstrukturen zu erkennen und zu rekonstruieren (Transparenz);
  - Prozesse agiler zu machen (Flexibilität);
  - Potenziale für neue Produkte, Dienstleistungen oder Geschäftsmodelle zu erkennen (Innovation).

1.2.2 Vorgehen

Um die Hypothesen zu prüfen, wurde eine Kombination aus qualitativer und quantitativer Forschung gewählt. ◘ Abb. 1.4 skizziert das Vorgehen. ◘ Tab. 1.1 fasst das Studiendesign mit den drei wesentlichen Studienelementen, Forschungsfragen und Ergebnissen zusammen.

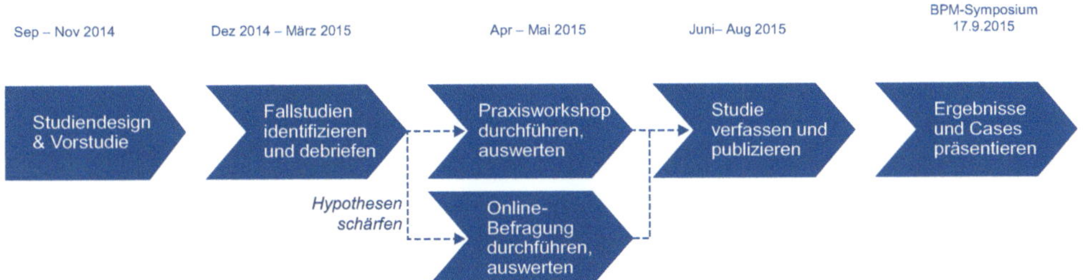

❏ Abb. 1.4 Vorgehen zur Konzeption und Durchführung der Studie

❏ Tab. 1.1 Forschungsfragen, Vorgehen und Ergebnisse

Forschungsfragen	Vorgehen	Ergebnisse (Studie)
Was ist Prozessintelligenz?	**Vorstudie:** Stand der Forschung «Prozessintelligenz» Analyse von Intelligenzdefinitionen aus der Humanpsychologie und der Künstlichen Intelligenz; – Auswahl des Konzepts «Erfolgsintelligenz» nach Sternberg	Rahmenwerk «Prozessintelligenz» (► Abschn. 1.3)
Welche Lösungsansätze, Erfahrungen und Erfolgsmuster gibt es bereits in Unternehmen?	**Qualitativ:** Debriefings mit Fallstudienkandidaten – Ganztägiger Praxis-Workshop mit 5 Anwenderunternehmen, um Early/Best Practices «Prozessintelligenz» zu identifizieren	Fallstudien «Prozessintelligenz» (► Kap. 3–7) Fazit: Erfolgsmuster (► Abschn. 9.2)
Wie ausgeprägt ist der Einsatz von Methoden und Technologien in Unternehmen? Vor welchem Hintergrund?	**Quantitativ:** Online-Befragung (April–Mai 2015)	Umfrage-Ergebnisse (► Kap. 8) Fazit: Status quo «Prozessintelligenz» (► Abschn. 9.1)

1.3 Das Rahmenwerk: Prozessintelligenz = Erfolgsintelligenz

Wissenschaft und Lösungsanbieter sehen Prozessintelligenz als ein Konzept, das durch eine Kombination von Methoden, Technologien und operativen Prozessdaten realisiert wird. Doch ist das alles? Ist Prozessintelligenz nichts anderes als Datensammlung und Analytik? Oder braucht es noch andere Fähigkeiten und Rahmenbedingungen, um Geschäftsprozesse wirksamer gestalten und ausrichten zu können?

Die vorliegende Studie geht von der Hypothese aus, dass es mehr braucht als Datensammlung und Analytik, um die Nutzenpotenziale von Prozessintelligenz ausschöpfen zu können. In diesem Kapitel wird ein erweitertes Rahmenwerk für Prozessintelligenz vorgeschlagen, das auf dem triarchischen Intelligenz-Modell des Psychologen Robert J. Sternberg basiert, der den

Begriff der «Erfolgsintelligenz» prägte[5]. Dieses Rahmenwerk dient als Grundlage, um
- relevante Anwendungsszenarien und Kandidaten für den Praxisworkshop zu identifizieren;
- den Lösungsraum für Prozessintelligenz und dessen Einflussfaktoren, Methoden und Werkzeuge zu strukturieren;
- die Ergebnisse der Online-Befragung auszuwerten.

1.3.1 Erfolgsintelligenz

Was ist Intelligenz? Können Organisationen, Prozesse oder IT-Lösungen intelligent sein? Unter Intelligenz wird in erster Linie die kognitive Leistungsfähigkeit eines Menschen verstanden. Doch auch in der Humanpsychologie gibt es unterschiedliche Ansichten, was Intelligenz ist und wovon sie beeinflusst wird (Plucker 2014).

Robert J. Sternberg (*1949) zählt zu den renommiertesten Psychologen des 20. Jahrhunderts und das, obwohl ihm seine Lehrer zunächst keine gute Prognose erteilten. Sternberg war bereits früh in seiner Schulkarriere, bedingt durch Prüfungsangst, Opfer von Intelligenztests geworden, die ihm einen geringen IQ bescheinigten. Eine erfahrene Lehrerin erkannte aber das Potenzial des Jungen und stellte seine Bildungskarriere sicher, die ihn an renommierte Universitäten wie Yale und Stanford und bis zum Professorentitel führte. Von seinen Erlebnissen geprägt, studierte Sternberg Psychologie und spezialisierte sich auf Entwicklungspsychologie, Psychometrie und Intelligenzforschung. Sternberg gehörte zu einer neuen Generation von Entwicklungspsychologen, die seit Beginn der 1980er-Jahre den traditionellen Intelligenzbegriff anzweifelten, der davon ausging, dass Intelligenz eine feststehende, kaum beeinflussbare und über den IQ messbare Eigenschaft des Menschen sei. Vielmehr sahen sie Intelligenz als ein Set an Fähigkeiten (multiple intelligences[6]), die sich permanent entwickeln. Sternberg sah, neben der analytischen Intelligenz insbesondere die Relevanz der praktischen Intelligenz, die sich darin zeigt, wie gut ein Mensch mit seinen Rahmenbedingungen zurechtkommt. Komplettiert wird sein triarchisches Modell durch die kreative Intelligenz, die einen Menschen zum Lernen motiviert und in die Lage versetzt, Neues zu schaffen, aber auch Unwichtiges von Wichtigem zu unterscheiden und Schwächen durch Stärken zu kompensieren (Sternberg 1985). Später fasste Sternberg die drei Fähigkeiten seines Modells unter dem Begriff «Erfolgsintelligenz» zusammen, dessen Essenz er 2014 in einem Videointerview formulierte:

> **»** Successful intelligence is your ability to figure out what you want to do with your life and to succeed in doing it given the constraints of the environment in which you live (Sternberg 2014).

Entscheidend für Erfolgsintelligenz sind demnach nicht isolierte Fähigkeiten oder analytische Intelligenz, wie sie in klassischen Schulnoten und IQ-Tests gemessen wird, sondern die Erreichung von Zielen, die für eine Person oder einen bestimmten Kontext wichtig sind. ◼ Abb. 1.5 skizziert die drei Elemente des Modells, kreative, analytische und praktische Intelligenz. In der Weiterentwicklung seines Modells spricht Sternberg nicht mehr von Intelligenzen,

---

[5] Erstmalig publiziert in Sternberg, Toward a triachic theory of human intelligence (1984), weiterentwickelt (1988) unter dem Begriff Erfolgsintelligenz publiziert in: Sternberg, Successful Intelligence: how practical and creative intelligence determine success in life (1997), ins Deutsche übersetzt: Sternberg, Erfolgsintelligenz. Warum wir mehr brauchen als EQ und IQ (1998).
[6] Wesentlich geprägt von Howard Gardner (Gardner 1983).

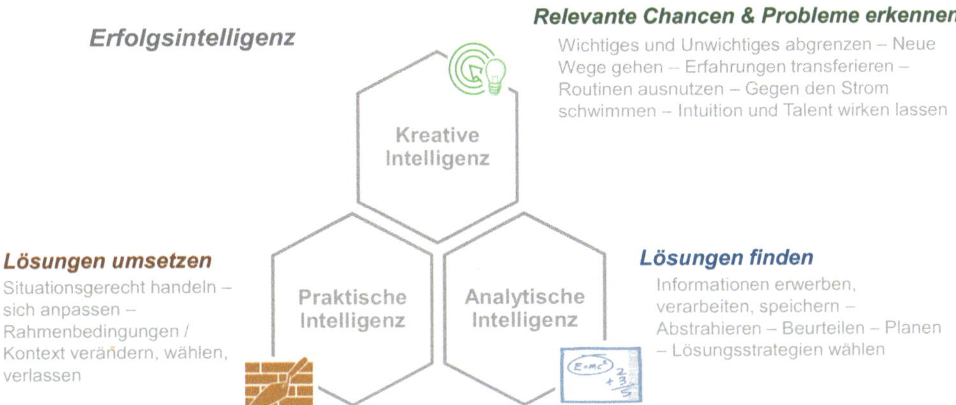

◘ Abb. 1.5 Erfolgsintelligenz nach Robert J. Sternberg. (eigene Darstellung)

sondern von Fähigkeiten, da aus seiner Sicht keine dieser Fähigkeiten isoliert intelligent oder erfolgreich macht (Sternberg 1997).

1.3.2 Prozessintelligenz = Erfolgsintelligenz für Organisationen

Was macht Sternbergs Modell von Erfolgsintelligenz relevant und anwendbar für die vorliegende Studie? Auch Prozessintelligenz muss zielgerichtet eingesetzt werden und verlangt eine integrierte Betrachtung verschiedener Fähigkeiten, die Organisationen nicht per se besitzen sondern kontinuierlich und in einem gegebenen, aber gestaltbaren Kontext entwickeln müssen.

Folgende Eigenschaften des Erfolgsintelligenzmodells machen seine Anwendung auf einen organisatorischen Kontext und konkret das Geschäftsprozessmanagement wertvoll:

- **Lernkurve**
  Nach Sternberg ist Intelligenz keine feste Grösse, sondern ein Set an Fähigkeiten, das sich kontinuierlich entwickelt. Diese Sicht entspricht dem Lebenszyklus eines kontinuierlichen Prozessmanagements, das auf kontinuierliche Verbesserung ausgerichtet ist.
- **Erfahrung und Wissensmanagement**
  Für jede der drei Intelligenzen beziehungsweise Fähigkeiten definiert Sternberg Komponenten im Sinne kognitiver Prozesse, die die jeweilige Intelligenz ermöglichen. So hängt analytische Intelligenz nicht nur von der sogenannten «performance component» ab, die die Lösungsstrategien bereitstellt, sondern auch von der «knowledge acquisition component», die dem Wissenserwerb dient. Sie hängt eng zusammen mit der «transfer component» der kreativen Intelligenz, die sicherstellt, dass das erworbene Wissen auf neue Situationen angewandt werden kann. Dies entspricht der Zielsetzung von Prozessintelligenz, Erfahrungswissen aus vergangenen Prozessinstanzen für die Entscheide und Reaktionen in zukünftigen Prozessinstanzen nutzbar zu machen. Finden solche Transfers systematisch statt, unterstützt Prozessintelligenz die lernende Organisation.
- **Informationsverarbeitung**
  Sternberg ist mit seinem triarchischen Modell einer der wichtigsten Vertreter des Informationsverarbeitungsansatzes in der Intelligenztheorie. Die «information processing

Abb. 1.6 Anwendung des triarchischen Modells «Erfolgsintelligenz» auf das Prozessmanagement

theory» verwirft die Idee von grundlegenden Faktoren der Intelligenz. Sie befasst sich vielmehr mit den während der Informationsverarbeitung ablaufenden kognitiven Prozessen (welche Art, wie akkurat, mit welcher mentalen Repräsentation). Da Prozessintelligenz in hohem Masse von Modellen, Systemen und der Verarbeitung von Prozessdaten abhängt, erscheint diese Ausrichtung hilfreich.

Kontext

Ein zentrales Element in Sternbergs Modell ist die Anerkennung des Kontextes, der selbstverständlich einen Einfluss auf die Möglichkeiten, Erwartungen und Ziele eines Menschen und seines Umfeldes haben. Der Kontext gilt aber als gestaltbar, das Modell stellt mit den drei Komponenten «Change/Adapt/Select» explizit Optionen zur Verfügung, einen Kontext zu verändern, sich dem Kontext anzupassen oder einen Kontext gezielt zu wählen beziehungsweise zu verlassen. Der Kontext spielt auch für das Prozessmanagement in mehrerer Hinsicht eine wesentliche Rolle. Er bestimmt die Zielsetzungen für das Prozessmanagement und legt fest, worauf sich das Prozessmanagement oder einzelne Initiativen fokussieren. Der Kontext von Geschäftsprozessen im Sinne von Rahmenbedingung (z. B. Ressourcen, Aufbauorganisation, IT-Unterstützung) muss gestaltet werden. In Bezug auf konkrete Prozessinstanzen stellt der Kontext eine wesentliche Information dar, wenn es darum geht, Prozessverläufe situationsgerecht anpassen zu können.

Abb. 1.6 fasst die Anwendung des Erfolgsintelligenzmodells auf das Prozessmanagement zusammen und skizziert die Fähigkeiten, die Prozessintelligenz in den drei Bereichen kreative, analytische und praktische Intelligenz bereitstellen kann.

Ausgehend von dieser erweiterten Sicht auf das Thema Prozessintelligenz gilt die folgende Definition von Prozessintelligenz als Arbeitsgrundlage für die vorliegende Studie:

» Prozessintelligenz ist mehr als Datensammlung und Analytik. Prozessintelligenz umfasst die kreativen, analytischen und praktischen Fähigkeiten, mit denen eine Organisation ihre Geschäftsprozesse gestaltet, ausführt, überwacht und fortlaufend weiterentwickelt.

Literatur

Bauer, A., & Schmid, T. (2009). Was macht Operational BI aus? *BI-Spektrum, 4*(1), 13–14.

Brucker-Kley, E., Kykalova, D., Pedron, C., Luternauer, T., & Keller, T. (2014). *Business Process Management 2014: Status-quo und Perspektiven eines ganzheitlichen Geschäftsprozessmanagement.* Zürich: vdf Hochschulverlag.

Dumas, M., La Rosa, M., Mendling, J., & Reijers, H. A. (2013). *Fundamentals of business process management.* Heidelberg: Springer.

EABPM (2014). *Business process management common body of knowledge – BPM CBOK version 3.0.* Giessen: Dr. Götz Schmidt.

Gardner, H. (1983). *Frames of mind: the theory of multiple intelligence.* New York: Basic Books.

Gartner (2011). *BPM suites evolve into intelligent BPM suites.* Stamford: Gartner Research.

Genrich, M. K. (2008). Challenges for business process intelligence: discussions at the BPI workshop 2007. In A. ter Hofstede & B. P.-Y. Benatallah (Hrsg.), *BPM workshops 2007.* LNCS, (Bd. 4928, S. 5–10). Heidelberg: Springer.

Hall, C. (2004). Business process intelligence. *Business Process Trends, 2*(6), 1–11.

Harmon, P. (2004). Business performance management: the other BPM. *Business Process Trends, 2*(7), 1–12.

Hosny, H. (2009). Business process intelligence. In *Dimensions of business process intelligence.* ATIT 2009, Cairo. (S. 213).

Lawton, G. (2015). Ten top iBPM use cases. Von Techtarget. http://searchsoa.techtarget.com/photostory/ 2240239333/Ten-top-iBPM-use-cases/1/Intelligent-business-process-management-emerges. Zugegriffen: 22.07.2015

Linden, M., Felden, C., & Chamoni, P. (2010). Dimensions of business process intelligence. In M. zur Muehlen & J. Su (Hrsg.), *Business process management workshops, BPM 2010 international workshops and education track.* Hoboken, 09.2010. LNBIP 66. (S. 208–2013). Heidelberg: Springer.

Plucker, J. A. (2014). Human intelligence: Historical influences, current controversies, teaching resources. http:// www.intelltheory.com. Zugegriffen: 22.07.2015

Rowe, A. (2007). From business process management to business process intelligence. *DM Review,* 46.

Schrödl, H. (2006). *Business intelligence.* München, Wien: Hanser.

Sohail, A., & Dhanapal, P. D. (2012). *A gap between business process intelligence and process redesign.* 2012 International Conference on Computer & Information Science. (S. 136–142).

Sternberg, R. J. (1984). Toward a triachic theory of human intelligence. *Bahavioral and Brain Sciences, 7.*

Sternberg, R. J. (1985). *Beyond IQ: a triarchic theory of intelligence.* Cambridge: Cambridge University Press.

Sternberg, R. J. (1988). *The triarchic mind: a new theory of intelligence.* New York: Viking Press.

Sternberg, R. J. (1997). *Successful intelligence: how practical and creative intelligence determine success in life.* New York: Penguin, Putnam.

Sternberg, R. J. (1998). *Erfolgsintelligenz. Warum wir mehr brauchen als EQ und IQ.* München: Lichtenberg.

Sternberg, R. J. (2014). Successful Intelligence. Video. https://youtu.be/ow05B4bjGWQ. Zugegriffen: 04.06.2015

Die Fallstudien – Erfolgsmuster aus der Praxis

Erfolgsmuster «Prozessintelligenz» – Einleitung zu den Fallstudien

Elke Brucker-Kley

© Der/die Autor(en) 2018
E. Brucker-Kley et al. (Hrsg.), *Prozessintelligenz*, https://doi.org/10.1007/978-3-662-55705-1_2

Was zeichnet Firmen mit Prozessintelligenz aus? Was machen sie besser oder anders als andere Unternehmen? Ziel des Praxisworkshops war es nicht, den Lösungsraum für Prozessintelligenz komplett zu erfassen, sondern ein möglichst breites Spektrum an fortgeschrittenen und praxisrelevanten Szenarien abzudecken sowie einen Austausch zwischen Experten aus Organisationen zu fördern, die Prozessmanagement auf einem vergleichbaren Niveau betreiben.

Vor diesem Hintergrund kamen im Rahmen der Studie im Mai 2015 Vertreterinnen und Vertreter von Anwenderunternehmen und Expertinnen und Experten der Zürcher Hochschule für Angewandte Wissenschaften ZHAW School of Management and Law und des Instituts für Prozesssteuerung der Hochschule für Technik, Wirtschaft und Gestaltung HTWG Konstanz für einen Tag zusammen, um fünf Fallstudien zu diskutieren. Die Fallstudien waren im Vorfeld vom Studienteam im Rahmen von Interviews bei den Unternehmen ausgewählt und analysiert worden und wurden von den Firmenvertretern entlang der Dimensionen des Rahmenwerks «Prozessintelligenz» vorbereitet und präsentiert:

 **Kreativ/strategisch**

Mit welcher Motivation wurde die Initiative gestartet? Was waren die konkreten Auslöser (top-down und bottom-up) und Zielsetzungen? Welche Stärken wurden genutzt und welche Schwächen wurden kompensiert?

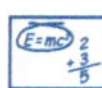 **Analytisch**

Inwiefern wurde durch den Lösungsansatz die Problemlösungs- und Entscheidungsfähigkeit verbessert? Welche Informationsbasis wird genutzt beziehungsweise aufgebaut?

 **Praktisch**

Wie hat sich der Lösungsansatz auf die reale Prozessausführung ausgewirkt? Wurde durch den Lösungsansatz die Handlungs- und Anpassungsfähigkeit verbessert? Wurden Rahmenbedingungen des Prozesses angepasst? Was waren die kritischsten Hebel in der Umsetzung?

‿⁀ **Kontinuierliche Verbesserung**

Welcher Wissenszuwachs ist entstanden und wie wird er genutzt? Welche Weiterentwicklungen sind geplant oder vorstellbar? Welche Wirkung hat die Lösung auf die Organisation als Ganzes?

Das Studienteam dankt allen am Workshop beteiligten Unternehmen (◨ Abb. 2.1), die ihr Expertenwissen und ihre wertvolle Zeit für die Vorbereitung, Diskussion und Auswertung der Fallstudien bereitgestellt haben[1].

---

[1] Die Namen der Firmenvertreter sind als Co-Autoren bei den jeweiligen Fallstudien in den nachfolgenden Kapiteln aufgeführt. Die Analyse und Aufbereitung der Fallstudien, die in den nachfolgenden Kapiteln dargestellt sind, erfolgte durch das Studienteam der ZHAW und des Konstanzer Instituts für Prozesssteuerung.

Fallstudie	Herausforderung	Mit Prozessintelligenz
 winterthur	Von isolierten und unvollständigen Anfragen aus der Distribution …	… zum einheitlichen, nachvollziehbaren und effizienten Anfrage- und Entscheidungsprozess
St.Galler Kantonalbank	Von Belastungsspitzen und Ressourcenengpässen…	…zu Kapazitätsmanagement und kontinuierlicher Verbesserung
Lausanne	Vom problematischen und undurchsichtigen Baugesuchsprozess	… zur neutralen Entscheidungsgrundlage für die Prozessoptimierung
Roche	Von Überproduktion und schwer kalkulierbaren Supply-Risiken	… zu informierten Entscheiden für Produktionsplanung und Lieferstrategie
KONSTANZ	Von der klassischen Prozessdokumentation und -analyse	… zu agilem, intuitivem und intelligentem Management von Geschäftsprozessen

Abb. 2.1 Die Fallstudien im Überblick

Fallstudie Axa Winterthur: Intelligenter Distributionsanfrageprozess

Reimund Rozek und David Grünert

© Der/die Autor(en) 2018
E. Brucker-Kley et al. (Hrsg.), *Prozessintelligenz*, https://doi.org/10.1007/978-3-662-55705-1_3

Mitarbeitende in Vertrieb und Underwriting von zeitraubenden Routineaufgaben zu entlasten, damit sie sich auf ihre Kunden und fachliche Aspekte konzentrieren können, war die Zielsetzung des Projekts der Axa Winterthur, das in der vorliegenden Fallstudie beschrieben wird. Mit der Standardisierung des Distributionsanfrageprozesses und der Einführung einer Workflowlösung inklusive Business Rules konnte eine flexible Lösung geschaffen werden, die sich nicht nur auf andere Geschäftsbereiche übertragen lässt sondern durch die zentrale Wissensbasis und auswertbare operative Daten weiter in Richtung eines entscheidungsunterstützenden und lernenden Systems entwickeln kann.

3.1   Ausgangssituation und Rahmen

Die AXA Winterthur wurde vor mehr als 100 Jahren gegründet und gehört seit 2006 zur französischen AXA Gruppe, einem der grössten Versicherungskonzerne weltweit. Mit Marktanteilen von über 30 % im Lebensversicherungs- und annähernd 13 % im Schadensversicherungsgeschäft ist die AXA Winterthur die klare Nummer eins auf dem Schweizer Versicherungsmarkt. Sie erzielte 2014 einen Umsatz von 11,7 Mrd. Franken und betreut mit mehr als 4000 Beschäftigten und rund 2650 exklusiven Vertriebspartnern 1,87 Mio. Privat- und Geschäftskunden in allen Teilen der Schweiz.

Die in dieser Fallstudie beschriebene Lösung startet als Projekt im Privatkundengeschäft der Nicht-Leben-Versicherung (P&C) der Axa Winterthur. Allein für diesen Geschäftsbereich erreichen jährlich über 90.000 Anfragen die Zentrale der AXA Winterthur, welche eine Auskunft und Genehmigung durch das sogenannte Underwriting benötigen. Dieser Vorgang wird ausgelöst, wenn einer der 3500 Vertriebsmitarbeitenden und -partner mit einem Kunden eine Police abschliessen will, die bezüglich Versicherungsbedingungen, Tarif oder Deckungssumme vom Standardprodukt abweicht und deshalb vor der Ausstellung vom Underwriting geprüft und genehmigt werden muss. Die Anfragen können dabei unterschiedlichste Branchen (z. B. Sach-, Personen-, Fahrzeugversicherung) und unterschiedlichste Produkte (z. B. Hausrat-, Wasserfahrzeugversicherung) betreffen. Alle diese Anfragen werden durch die rund 60 Mitarbeitenden aus dem Underwriting-Front-Office und dem Risk-Office individuell bearbeitet. Das Underwriting ist ein wissensintensiver Prozess, der auch im standardisierten Privatkundengeschäft sparten- und produktspezifisches Spezialwissen erfordert. Darüber hinaus ist eine rasche und dennoch nachvollziehbare Entscheidungsfindung gefordert, um die Anfragen aus dem Vertrieb möglichst tagfertig zu beantworten. Diesen hohen Anforderungen gegenüber stehen bis zu mehrere hundert Anfragen täglich, die vorwiegend per E-Mail und teilweise telefonisch in unstrukturierter Form und häufig unvollständig eintreffen und – vor Einführung des standardisierten Distributionsanfrageprozesses – manuell an die zuständigen Mitarbeitenden weitergeleitet wurden. Häufige Rückfragen des Underwriting sowie Nachfragen und Wiedererwägungen aus dem Vertriebsnetzwerk waren die Folge. Eine Optimierung des bestehenden Vorgehens zur Behandlung von Anfragen gestaltete sich schwierig, denn es war weder bekannt, welche Zeit tatsächlich für Anfragen benötigt wurde, noch gab es einen durchgängig definierten Prozess. Auch die Nachvollziehbarkeit der Entscheide war eingeschränkt, da Entscheide von den einzelnen Underwritern individuell dokumentiert, aber nicht zentral einsehbar waren. All diese Schwierigkeiten sollten mit einem neuen, standardisierten Distributionsanfrageprozess angegangen werden.

3.2 Motivation, Erfahrungshintergrund, Fokus

Der Versicherungsmarkt wird zunehmend dynamischer. Zum einen müssen neue Produkte schneller lanciert und in bestehende Prozesse integriert werden können. Zudem ist eine kurze Bearbeitungszeit oft entscheidend, weil Kunden mit den zur Verfügung stehenden Angeboten im Internet ohne grossen Aufwand Angebote bei mehreren Versicherern einholen können. Die AXA Winterthur hat sich zum Ziel gesetzt, Distributionsanfragen im Privatkundengeschäft innerhalb eines Tages zu beantworten. Dabei soll die Nachvollziehbarkeit über alle Geschäftsvorfälle sowie über alle Entscheidungen aus Kunden-, Prozess- und Policensicht gewährleistet werden. Neben der reinen Nachvollziehbarkeit werden damit auch eine Qualitätssteigerung sowie eine Vereinheitlichung der Entscheidungen angestrebt.

Vor diesem Hintergrund startete 2009 das Projekt zur Standardisierung des Distributionsanfrageprozesses im Privatkundengeschäft. Von Beginn an verfolgte das Business Process & Information Management der AXA Winterthur das Ziel, einen branchen- und produkteunabhängigen Prozess zu schaffen, der sich einfach einführen und ausbreiten lässt. Solche Prozesse bieten in der Regel genügend Flexibilität, um auch neue Produkte mit geringem Aufwand schnell in die bestehenden Prozesse zu integrieren. Eine grosse Herausforderung war dabei, dass es bis anhin keinen einheitlichen Prozess für die Behandlung der Anfragen aus dem Vertrieb gab und es daher unklar war, ob aufgrund der unterschiedlichen Anforderungen der Produkte ein standardisierter und weitgehend produkteunabhängiger Prozess überhaupt möglich war. Wie bei den meisten Projekten zur Standardisierung und Automatisierung von Prozessen war die Akzeptanz der neuen Lösung durch die Prozessbeteiligten einer der wichtigsten Erfolgsfaktoren. Das Projekt hatte insofern gute Voraussetzungen, als die Problematik der Ausgangssituation vom Privatkundengeschäft selbst erkannt wurde und damit auch aus der Sicht des Business Handlungsbedarf bestand. Zudem wurden die Anstrengungen zur Modellierung und Vereinheitlichung der Prozesse von den zuständigen Personen aus der Geschäftsleitung als strategisches Ziel betrachtet. Trotzdem bedeutet jede Vereinheitlichung und Reglementierung eines Prozesses einen Eingriff in den Handlungsspielraum der Prozessbeteiligten, der auch Widerstände hervorruft. Diesem Umstand wurde Rechnung getragen, indem zum einen die Einführung des Workflow-Systems durch Schulungen begleitet wurde und andererseits, indem kein formaler Zwang für die Benutzung des Workflow-Systems für das Vertriebsnetzwerk besteht. Den Mitarbeitenden aus dem Vertrieb ist es weiterhin möglich, Anfragen per Telefon oder E-Mail zu stellen. Damit solche Anfragen jedoch nicht ausserhalb des Workflow-Systems ablaufen, werden sie durch das Underwriting Front Office im System erfasst. Trotz dieser Möglichkeit nutzen heute die Mitarbeitenden des Vertriebs fast ausschliesslich das Workflow-System für ihre Anfragen. Dies liegt zu einem wesentlichen Teil daran, dass das System einen echten Mehrwert bietet. Zum einen können Anfragen die über das Workflow-System gestellt werden, innerhalb eines Tages und damit rascher beantwortet werden, zum anderen bietet das System einen erhöhten Bedienkomfort, indem verschiedene Angaben nicht mehr manuell erfasst werden müssen. Ermöglicht wird dies durch die Anbindung des Systems an die Services der Vertragsverwaltung und der Kundenverwaltung.

> **»** Flexibilität an der Schnittstelle zum Kunden gepaart mit Effizienz in der Abwicklung. Diesen beiden Kriterien hat der neue Prozess standzuhalten. Situatives Handeln im Vertrieb und ein rasches Telefonat müssen weiterhin möglich sein, aber die Triage und Dokumentation lässt sich klar und nachvollziehbar steuern (Reimund Rozek, Head Business Process & Information Management, Axa Winterthur).

Das Projekt für den standardisierten Distributionsanfrageprozess wurde 2009 gestartet. Nach weniger als einem Jahr war die erste Version im Einsatz. Die rasche Umsetzung wurde unter anderem möglich durch den Einsatz einer Business-Process-Management (BPM)-Suite, die in die seit vielen Jahren bei AXA Winterthur vorhandene serviceorientierte Architektur integriert werden konnte. Trotz dieser guten Voraussetzungen wurde versucht, die Anzahl der Verbindungen mit bestehenden Primärsystemen möglichst gering und pragmatisch zu halten. Dies verkürzte nicht nur die Implementationszeit, sondern vereinfachte vor allem die kontinuierliche Verbesserung des Workflow-Systems weitestgehend unabhängig von den Primärsystemen. Die eingesetzten Primärsysteme sind häufig sogenannte Legacy-Systeme, welche sich nur langsam weiterentwickeln und bei denen Anpassungen oft mit hohen Kosten verbunden sind. Zur kurzen Implementationszeit trug insbesondere auch der pragmatische Umgang mit Spezialfällen und Ausnahmen bei. Statt alle Ausnahmen im Prozess abzubilden, wurde die Möglichkeit geschaffen, alle Geschäftsvorfälle auch manuell und unabhängig vom aktuellen Zustand der Anfrage im Workflow-System zu erfassen und somit bei Bedarf den vorgegebenen Prozesspfad zu verlassen.

3.3 Problemlösungsfähigkeit und Entscheidungsqualität

Dass die Workflow-Lösung die Entscheidungsqualität verbessert hat, zeigt sich unter anderem in der Abnahme der Anzahl Wiedererwägungen und Eskalationen der bearbeiteten Distributionsanfragen. Nach Ansicht der Prozessverantwortlichen tragen verschiedene Faktoren zu dieser Verbesserung bei:

- Das Workflow-System befreit die Mitarbeitenden des Underwritings von der E-Mail-Flut und gibt ihnen mehr Zeit, sich auf den Inhalt der Anfragen zu konzentrieren.
- Durch das strukturierte Erfassen der Anfragen über das Workflow-System (◨ Abb. 3.1) wird sichergestellt, dass die für die Entscheidung relevanten Informationen vollständig vorhanden sind. Dies beschleunigt zum einen den Entscheidungsprozess und schafft zum anderen die Grundlage für die Vergleichbarkeit mit anderen Geschäftsfällen und Entscheidungen.
- Mit dem Einbinden der Vertragsverwaltung und der Kundenverwaltung erhalten die Mitarbeitenden des Underwritings eine Rundumsicht und können die Anfrage aufgrund des Kontextes präziser beurteilen.
- Alle Entscheide werden neu in einer zentralen Underwriting-Datenbank gespeichert und sind für Rückfragen, aber auch für vergleichbare Geschäftsfälle allen Mitarbeitenden des Front und Risk Office zugänglich. Dies führt zu einer Steigerung von Effizienz und Qualität, indem Entscheide vereinheitlicht und beschleunigt, aber auch auf eine breitere Informationsbasis gestellt werden. Die erhöhte Stringenz der Entscheide macht das Underwriting für die Vertriebsmitarbeitenden und -partner besser vorhersehbar und nachvollziehbar.
- Auch das Pendenzentracking trägt zur Steigerung der Prozessqualität bei. Anfragen gehen nicht verloren, Zwischenberichte werden im System ausgelöst und zeitraubende Rückfragen werden dadurch drastisch reduziert.
- Auf der Grundlage der nun strukturiert erhobenen operativen Daten kann die Prozessleistung transparent gemacht werden.

Eine weitere Anwendung finden die nun strukturiert erhobenen und zentral gespeicherten Anfragedaten für Auswertungen zur Prozessleistung:

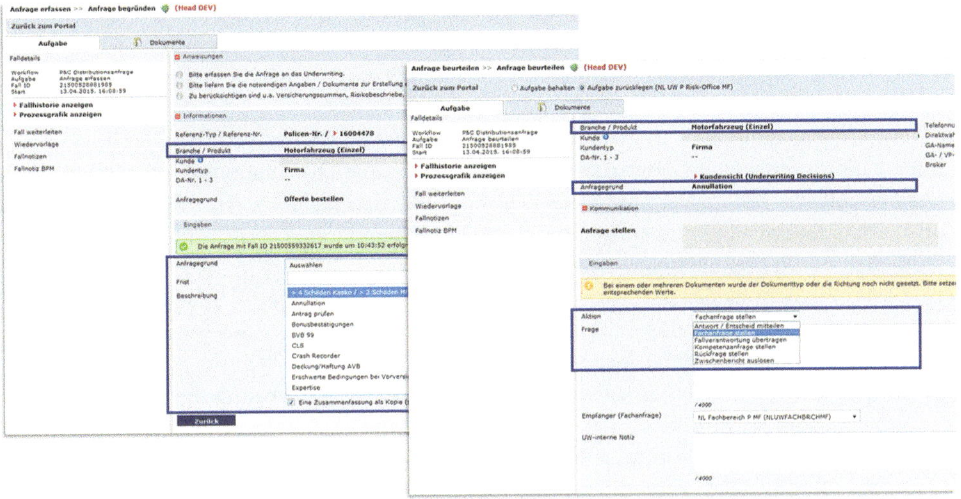

Abb. 3.1 Anfragen im Workflow-System erfassen und kategorisieren

- In monatlichen Reports und einem Dashboard werden dem Business Kennzahlen zur Entwicklung der Anfragen absolut und pro Branche, Anfragegrund oder Standort mitgeteilt. So sind Trends analysierbar und können unter anderem für die Ressourcenplanung im Underwriting Front Office genutzt werden.
- Die Einhaltung von Service Levels kann überprüft werden (Anrufannahme, Reaktionszeit etc.).
- Muster in den Anfragegründen werden in einfacher Form für das Produktmanagement ausgewertet und bereits genutzt. So lassen sich erkennbar häufige Kundenbedürfnisse in angepassten Versicherungsbedingungen berücksichtigen oder gar durch neue, spezialisierte Produkte beantworten (z. B. Mietkaution).

3.4 Handlungs- und Anpassungsfähigkeit

Die implementierte Lösung hat nicht nur die Entscheidungs- und Problemlösungsfähigkeit, sondern auch die tägliche Arbeit im Vertriebsnetzwerk und insbesondere im Underwriting verändert. Heute können 80 % der Anfragen, die über das Workflow-System gestellt werden, vom Front Office selbständig erledigt werden und nur rund 20 % der Anfragen müssen an das Risk Office weitergeleitet werden. Dabei erfolgt die Triage der Anfragen nicht mehr manuell, sondern wird vom Workflow-System, basierend auf einem Regelwerk (Business Rules), automatisch durchgeführt. Zudem leitet das Workflow-System bestimmte Anfragen direkt an das Offshoring-Zentrum AXA Business Services weiter. Auf diesem Weg können rund 20 % aller Anfragen durch das Offshoring-Zentrum bearbeitet werden. Damit die Mitarbeitenden im Underwriting Risk Office trotz verstärkter Arbeitsteilung nicht den Kontakt zur Kundenschnittstelle Distribution verlieren, wurde eine Job Rotation zwischen Front Office und Risk Office eingeführt. Kommunikation, Kompetenzen und Mitarbeitendenzufriedenheit werden auf diese Weise gestärkt.

Die operativen Daten und Auswertungen des Workflow-Systems erlauben zudem Rückschlüsse für die Prozessoptimierung. So lässt sich beispielsweise systematisch prüfen, ob bestimmte Anfragegründe anders geroutet werden sollten, um rascher die erforderliche Antwortqualität zu erzielen.

Anpassungsfähigkeit stand von Beginn an im Fokus der Verantwortlichen des Prozess- und Informationsmanagements der Axa Winterthur. Der neue Distributionsanfrageprozess sollte wegweisend sein für ein Verfahren, das es ermöglicht, Geschäftsprozesse möglichst branchen- und produkteunabhängig zu entwerfen und zu implementieren. Diese Flexibilität wird im Wesentlichen durch drei Elemente realisiert:

1. Erstes Element ist der produkteunabhängige Prozess selbst, der es erlaubt, neue Produkte zu lancieren und bestehende Produkte anzupassen, ohne dass dabei grössere Änderungen am Prozess vorgenommen werden müssen.

2. Neben dem Prozessdesign spielen als zweites Element der Lösung die sogenannten Geschäftsregeln (= Business Rules) eine wesentliche Rolle. So wurde beispielsweise für das Subsystem, das für die automatische Zuweisung der Anfragen zuständig ist, ein umfangreicher Regelkatalog aufgestellt. Dabei wurden zu allen Branchen die jeweils möglichen Gründe für eine Anfrage erhoben, und es wurden insgesamt über 500 Regeln für die automatische Zuweisung der Anfragen definiert. Damit lässt sich das System durch Hinzufügen und Bearbeiten von Regeln anpassen, ohne dass der eigentliche Prozess verändert werden muss.

3. Das dritte Element, das wesentlich zur Anpassungsfähigkeit der Lösung beiträgt, war ursprünglich gar nicht dafür konzipiert. Es entstand aus dem pragmatischen Lösungsansatz für Ausnahmen und Spezialfälle. Statt diese im Prozess abzubilden, erlaubt es das System, alle Geschäftsvorfälle auch unabhängig vom aktuellen Zustand der Anfrage ad hoc zu erfassen. Im Extremfall lässt das System damit beliebige Prozesse zu, die sich aus den vorgesehenen Geschäftsvorfällen zusammensetzen. Somit bleiben sowohl die situative Handlungsfähigkeit im Vertrieb als auch die Nachvollziehbarkeit durch Dokumentation der Geschäftsfälle gewährleistet.

Ein Business-Process-Management-System & die Schaffung eines generalisierten Prozesses

Die Lösung von AXA Winterthur für den Distributionsanfrageprozess basiert auf einer Business-Process-Management (BPM)-Suite (in diesem Fall des Anbieters Appway). BPM-Suiten unterstützen in unterschiedlicher Ausprägung alle Funktionsbereiche des Geschäftsprozessmanagements von der Modellierung (in diesem Fall auf der Basis von BPMN = Business Process Management Notation) über die Implementierung bis hin zur automatisierten Ausführung, Überwachung und Optimierung der Prozesse (EABPM 2014). Somit werden die fachlichen wie auch die technischen Aspekte des Prozesses in einer einheitlichen Softwareumgebung verwaltet. Das System der AXA Winterthur ist für 5000 Anwender ausgelegt und jährlich werden 4 Mio. Prozessinstanzen verarbeitet. Davon sind 100.000 ständig in Bearbeitung.

Die Lösung von AXA Winterthur zeichnet aus, dass das BPM-System nicht einfach zur Abbildung und Beschleunigung der bestehenden Prozesse verwendet wurde, sondern dass im Rahmen des Projekts die Prozesse grundlegend überarbeitet wurden. Dabei gelang es, die bestehenden produkteabhängigen Prozesse in einen einzigen, produkteunabhängigen Prozess zu überführen. Mit diesem in der Softwareentwicklung als Generalisierung bezeichneten

Ansatz wird nicht nur der Implementationsaufwand drastisch reduziert, er erlaubt es auch, neue Produkte mit geringem Aufwand in das bestehende System zu integrieren sowie das System mit reduziertem Aufwand auf andere Geschäftsbereiche (z. B. das Unternehmenskundengeschäft) auszudehnen. Der beschriebe Fall zeigt exemplarisch – und im positiven Sinne – dass eine Automatisierungslösung nur so gut sein kann wie der modellierte Prozess. Oder verkürzt ausgedrückt: «A fool with a tool is still a fool».

Business Rules Management

Business Rules Management basiert auf dem Anspruch, Geschäftsregeln vom Prozessmodell getrennt verwalten und anpassen zu können, um auf diese Weise die Komplexität des Prozessmodells zu reduzieren. Business Rules werden typischerweise als Entscheidungstabellen, Entscheidungsbäume oder in formalisierter Sprache (wenn, dann) definiert. Business Rules können individuell programmiert oder über eine Business Rules Engine implementiert und ausgeführt werden. Die Business Rules Engine kann in eine BPM-Suite integriert oder Bestandteil eines dedizierten Business Rules Management Systems sein. Auch wenn die Business Rules Engine als Teil einer BPM-Suite angeboten wird, sind die Komponenten für die Prozessausführung (= Process Engine) und die Business Rules Engine idealerweise architektonisch getrennt und die Rules Engine wird von der Process Engine aufgerufen (z. B. als Web Service). Auf diese Weise wird die Wiederverwendbarkeit der implementierten Business Rules gewährleistet (Freund und Rücker 2010).

3.5　Ergebnisse, Wissenszuwachs, Perspektiven

Das Privatkundengeschäft arbeitet seit 2010 sehr erfolgreich mit dem einheitlichen Distributionsanfrageprozess. Mit der Einführung des Workflow-Systems und der Standardisierung des Prozesses wurde die Bearbeitungszeit der Anfragen verkürzt und die Qualität der Entscheidungen erhöht.

Auf diesem Weg sammelte das Prozess- und Informationsmanagement der AXA Winterthur nicht nur Erfahrungen mit der Implementierung und Weiterentwicklung einer flexiblen Workflow-Lösung, sondern auch mit dem dabei notwendigen Change Management. Während die Mitarbeitenden des Underwritings unmittelbar von der Einführung des Systems profitierten, brauchte es mehr Zeit, auch die Vertriebsmitarbeitenden und -partner von den Nutzenvorteilen zu überzeugen. Kritisch für die Akzeptanz des Systems war, dass die Bedürfnisse dieser Anspruchsgruppen von der Stakeholderanalyse über die Erhebung der Anforderungen bis hin zur Einführung mit Testing und Schulung ebenso in die Lösung einfliessen konnten wie die des Underwriting. So wurde rechtzeitig erkannt, dass die Platzierung von Anfragen weiterhin via Telefon und E-Mail möglich sein muss. Der Zusatzaufwand der Erfassung dieser Anfragen durch das Undewriting wird hierfür in Kauf genommen. Mittlerweile hat sich das System bewährt und die Ausdehnung der Lösung vom Privatkundengeschäft auf das Unternehmenskundengeschäft wird vorangetrieben.

Neben den bereits beschriebenen Nutzeneffekten, die sich aus der von Beginn an angestrebten Vereinheitlichung des Prozesses erzielen liessen, überzeugt die Lösung durch einen «Nebeneffekt». Der Aufbau einer zentralen Wissensbasis für das Underwriting stand initial zwar nicht im Mittelpunkt, ergab sich jedoch als selbstverständliches Lösungselement eines

Systems, das diesen wissensintensiven Prozess zentral steuert. Die Zugänglichkeit dieser zentralen Wissensbasis für alle Mitarbeitenden des Underwriting Front und Risk Offices stellt bereits einen Mehrwert im Vergleich zur Ausgangssituation dar. Underwriting-Wissen wird personenunabhängiger und die Kompetenzen der Mitarbeitenden werden erweitert, da nicht in jeder Situation ein Spezialist beigezogen werden muss.

Denkbar wäre überdies eine automatisierte Analyse der getroffenen Entscheidungen im Sinne eines intelligenten Decision Mining. Decision Mining zielt darauf ab, verstecktes Wissen über Entscheidungen in Prozessen explizit zu machen (Rozinat und van der Aalst 2006). Auf der Grundlage von Log-Daten des Worfklow-Systems und der vorhandenen Wissensbasis liessen sich Entscheidungsmuster ähnlicher Cases erkennen und es liesse sich anhand von Datenabhängigkeiten transparent machen, welche Faktoren den Verlauf und die Ergebnisse eines Geschäftsfalls beeinflussen. Sind verwandte Entscheide erkannt, könnte die Qualität und Geschwindigkeit der Entscheidungen weiter gesteigert werden, indem beispielsweise beim Bearbeiten einer konkreten Anfrage verwandte Anfragen und die dazu getroffenen Entscheide angezeigt würden. Diese Möglichkeiten werden vom aktuellen System jedoch noch nicht genutzt. Durch die systematische Erfassung aller Geschäftsvorgänge und Entscheidungen wären die Voraussetzungen geschaffen, um die IT-gestützten Entscheide weiter voranzutreiben. Denkbar wäre, bestimmte wiederkehrende Anfragen durch das System automatisch zu beantworten oder eine entsprechende Antwort zumindest vorzuschlagen. Auch die Suche nach Mustern in Anfragen und Entscheidungen liesse sich durch ein systematisches Mining auf die nächste Stufe anheben und beispielsweise für die Potenzialanalyse neuer Versicherungsprodukte oder für die Betrugserkennung nutzen.

3.6   Fazit: Worin steckt die Prozessintelligenz?

Das intelligenteste Glied im Distributionsanfrageprozess sind und bleiben die Mitarbeitenden, die ihr Wissen über Kundenbedürfnisse, Risiken und Produkte für den Vertrieb und das Underwriting einsetzen. Diese werden durch das eingeführte Workflow-System von zeitrau-

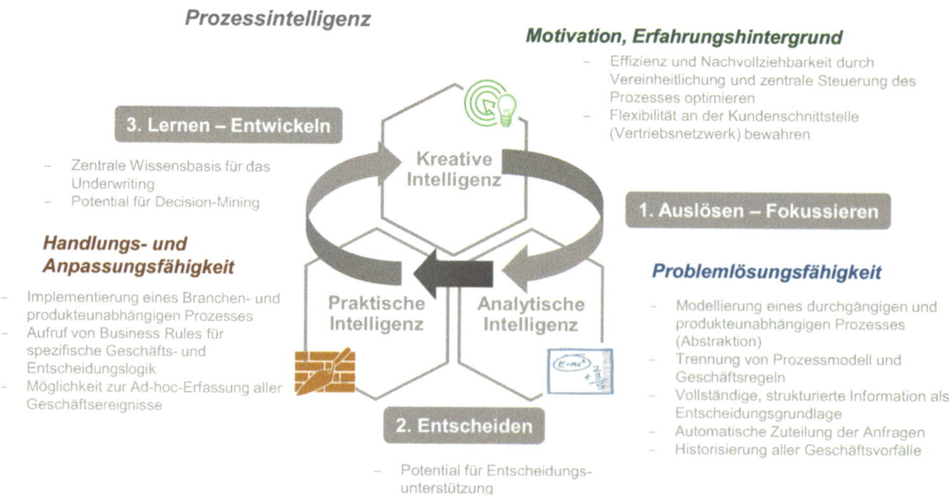

▫ Abb. 3.2 Einbettung der Fallstudie AXA Winterthur in das Rahmenwerk

benden Routineaufgaben entlastet und können sich auf die fachlichen Aspekte der Anfragen konzentrieren. Die Flexibilität im Vertriebsnetzwerk wird durch die neue einheitliche Lösung kaum eingeschränkt. Somit sind die wesentlichen strategischen und operativen Zielsetzungen, mit denen AXA Winterthur das Projekt gestartet hat, erfüllt.

Mit Blick auf das triarchische Modell in ◘ Abb. 3.2 überzeugt die Lösung von AXA Winterthur sowohl durch analytische als auch praktische Intelligenz. Statt sich mit dem Einsatz einer BPM-Suite in Details zu verlieren, wurde ein pragmatisches und geschäftsorientiertes Vorgehen gewählt. Im Fokus stand dabei nicht, die technischen Möglichkeiten des Workflow-Systems für die Automatisierung maximal auszunutzen, sondern der Entwurf eines branchen- und produkteunabhängigen Prozesses. Diese Abstraktion ist gelungen, ebenso die Umsetzung dieser Prämisse, unter anderem mit Hilfe von Business Rules. Auch die Voraussetzungen für die Weiterentwicklung in Richtung eines entscheidungsunterstützenden und lernenden Systems sind durch die zentrale Underwriting-Wissensbasis und auswertbare operative Prozessdaten gegeben.

Literatur

EABPM (2014). *Business process management common body of knowledge – BPM CBOK version 3.0*. Giessen: Dr. Götz Schmidt.

Freund, J., & Rücker, B. (2010). *Praxishandbuch BPMN 2.0*. München Wien: Hanser.

Rozinat, A., & van der Aalst, W. (2006). Decision mining in business processes. In *Business process management* (S. 420–425). Berlin Heidelberg: Springer.

Fallstudie St. Galler Kantonalbank: Kapazitätsmanagement im Service Center

Andreas Barattiero und Ueli Schlatter

© Der/die Autor(en) 2018
E. Brucker-Kley et al. (Hrsg.), *Prozessintelligenz*, https://doi.org/10.1007/978-3-662-55705-1_4

Die Optimierung der Auslastung durch Kapazitätsmanagement ist eine wesentliches Element der Operational Excellence und Kernkompetenz der Finanzverarbeitung bei der St. Galler Kantonalbank. Die vorliegende Fallstudie zeigt eindrücklich, wie die St. Galler Kantonalbank den «Prozessintelligenz-Loop» von der Schaffung der analytischen Voraussetzungen über die Steuerung der Prozessausführung hin zur kontinuierlichen Verbesserung schliesst und permanent weiterentwickelt. Auf dieser Reise wurden Belastungsspitzen entschärft, mehr Eigenverantwortung für die Mitarbeitenden gewonnen und eine höhere Zufriedenheit der Mitarbeitenden erreicht.

4.1   Ausgangssituation und Rahmen

Als regional verwurzelte Universalbank berät und betreut die St. Galler Kantonalbank (SGKB) seit bald 150 Jahren Privat- und Geschäftskunden. Am Hauptsitz und in 38 Niederlassungen werden die Kunden von mehr als 1000 Mitarbeitenden betreut. Als Universalbank bietet die SGKB Dienstleistungen im Bereich Vorsorge, Finanzierung und Kapitalanlage an.

Über ihre Tochtergesellschaft St. Galler Kantonalbank Deutschland AG betätigt sich die SGKB im Anlagegeschäft für vermögende Privat- und institutionelle Kunden in Deutschland. Über ihre Partnerfirma Swisscanto bietet die SGKB Fonds im Aktien-, Obligationen-, Geldmarkt-, Themen- und Immobilienbereich an.

Die SGKB organisiert sich im Stammhaus in die Marktbereiche Privat- und Geschäftskunden und Private Banking. Für die unterstützenden Prozesse sind die Bereiche Corporate Center und Service Center zuständig.

Die SGKB, wie viele andere Finanzinstitute auch, konnte sich in den vergangenen Jahren nicht dem Umbruch in der Finanzbranche entziehen. So hatten neben der konjunkturellen Entwicklung auch verschiedene andere Einflussfaktoren, wie beispielsweise Änderungen im Zins-, Währungs- und Regulierungsumfeld oder im grenzüberschreitenden Vermögensverwaltungsgeschäft, Einfluss auf Kosten, Margen und Volumen (◘ Abb. 4.1).

Bei der Realisierung von möglichen Gegenmassnahmen gelten bei der SGKB die Grundsätze, dass Verbesserungsmassnahmen

- kein Grund für Entlassungen von Mitarbeitenden sind, sondern dass ein allfälliger Abbau von Personalkapazitäten über natürliche Fluktuation zu geschehen hat. Dabei wird eine gewisse Flexibilität der Mitarbeitenden vorausgesetzt.
- auf keinen Auswertungen der Leistung auf Ebene Mitarbeitende basieren sollen.

◘ **Abb. 4.1**   Finanzbranche im Umbruch

― durch aktives Change Management begleitet werden («Die Mitarbeitenden müssen wollen»).

4.2 Motivation, Erfahrungshintergrund, Fokus

Als Antwort auf die erkannten veränderten Rahmenbedingungen entschied sich die SGKB auf die Stärkung ihrer Kernkompetenzen zu fokussieren, nämlich
― Operational Excellence
― Kundenberatung und -betreuung
― Investment Management
― Risikomanagement

«Operational Excellence (OpEx)» als Kernkompetenz basiert auf einem «einheitlichen Prozess-Verständnis» und nutzt drei Methoden (◑ Abb. 4.2):
― Kaizen
― Lean Six Sigma und
― Wertstromanalyse

Um den generierten Nutzen zu verstärken und zu realisieren, werden Benchmarking und Kapazitätsmanagement eingesetzt.

Im Mittelpunkt dieser Fallstudie steht die Optimierung der Auslastung durch **Kapazitätsmanagement**.

Kaizen

Kaizen ist eine japanische Führungsphilosophie, die eine kontinuierliche Weiterentwicklung anstrebt. Dabei geht es nicht nur um Produktverbesserungen, sondern neben einer expliziten Ausrichtung auf den Kunden auch um die Verbesserung und Änderung von Denken und Handeln aller in die Organisationsabläufe (Prozesse) eingebundenen Mitarbeitenden (Zollondz, 2011, S. 289).

Die Prozessmitarbeitenden arbeiten in Kaizen-Teams zusammen, um eigenständig Verschwendung zu identifizieren, zu analysieren sowie Verbesserungsmassnahmen zu erarbeiten und umzusetzen. [...] Der Schwerpunkt der Aktivitäten liegt auf der Verbesserung des eigenen Arbeitsbereiches. Die Teams disponieren, koordinieren und kontrollieren die Prozessaufgaben selbst, ebenso die Zusammenarbeit mit internen Kunden und Lieferanten. Dadurch werden Entscheidungszeiträume und Koordinationsaufwendungen reduziert (Schmelzer & Sesselmann, 2013, S. 421).

Lean Six Sigma

In Lean Six Sigma steht Lean für schlanke und effiziente Prozesse und Six Sigma für robuste, d. h. möglichst fehlerfreie Prozesse. [...] Lean ist auf die Lösung einzelner Prozessprobleme fokussiert. [...] Lean bedient sich temporärer Teams, die im Rahmen von Workshops und Projekten schnell Probleme lösen (Schmelzer & Sesselmann, 2013, S. 442).

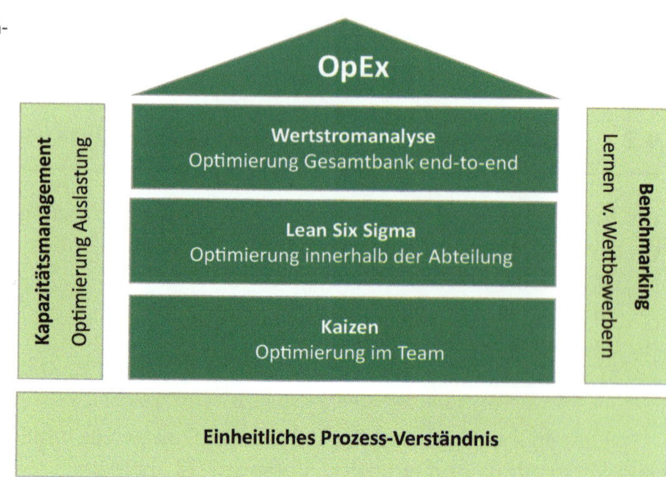

■ **Abb. 4.2** Elemente von Operational Excellence

Wertstromanalyse
Bei der Wertstromanalyse wird der gesamte Geschäftsprozess ausgehend von den Anforderungen der Endkunden nach der Systematik des «Value Stream Mapping» abgebildet. Dabei werden Symbole verwendet, die Sachverhalte bildlich darstellen. Sie unterstützen die Identifikation nicht wertschöpfender Aktivitäten (Verschwendung) und erleichtern die Analyse der Ursachen. Im nächsten Schritt wird ein Soll-Prozess entwickelt, der sich durch einen hohen Grad an Wertschöpfung, hohen Flussgrad und kurze Durchlaufzeiten auszeichnen soll (Wertstromdesign) (Schmelzer & Sesselmann, 2013, S. 164).

4.3   Problemlösungsfähigkeit und Entscheidungsqualität im Kapazitätsmanagement

Die Prämisse, das Kapazitätsmanagement als wichtigen Teil von Operational Excellence zu sehen, gründet auf der Erkenntnis, dass Produktivitätssteigerungsmassnahmen zuerst einmal eine Verschlechterung bei der Auslastung der Mitarbeitenden bewirken. Dieser Verschlechterung kann nur durch Volumensteigerung oder Reduktion von Kapazitäten entgegengewirkt werden (■ Abb. 4.3).

Das Kapazitätsmanagement zielt darauf ab, durch Produktivitätssteigerungen gewonnene Kapazitäten besser auszulasten (geringere Leerzeiten, ausgeglichene Belastung). Dies kann bei-

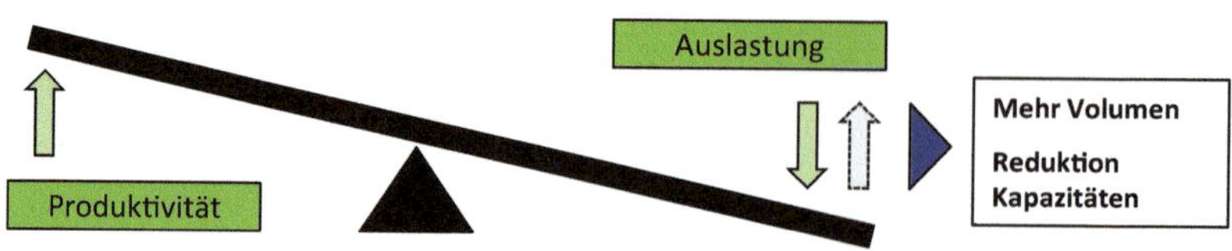

■ **Abb. 4.3** Auswirkung von Produktivitätssteigerungen

Kapazitätsmanagement

Phase 5	Personaleinsatzplanung
Phase 4	Personalbedarfsrechnung
Phase 3	Prozessanforderungen (Planbarkeit, Fristen, Qualifikation)
Phase 2	Performance Management (IST-Personalbedarf, Auslastung)
Phase 1	Prozesstransparenz (Struktur, Zeiten, Mengen)

❏ Abb. 4.4 Phasen im Kapazitätsmanagement

spielsweise erfolgen durch flexiblere Arbeitszeiten oder Anpassungen in der Priorisierung der Aufträge.

Um die Problemlösungsfähigkeit und Entscheidungsqualität im Kapazitätsmanagement steigern zu können, stützt sich die SGKB im Service Center auf regelmässig erhobenen Daten, welche es ihr ermöglichen sollen, freie Kapazitäten möglichst frühzeitig zu erkennen und darauf ausgerichtet den Personaleinsatz entsprechend zu planen.

Im Kapazitätsmanagement werden fünf Phasen durchlaufen: Prozesstransparenz, Performance Management, Prozessanforderungen, Personalbedarfsrechnung und Personaleinsatzplanung (❏ Abb. 4.4).

Phase 1: Prozesstransparenz

In Phase 1 werden (in Prozessen) pro Tätigkeit Ist-Zeiten und Mengen ermittelt und anschliessend gemeinsam Standardzeiten vereinbart. Das Resultat dieser Arbeiten wird in ❏ Tab. 4.1 illustriert.

Die ermittelten Daten können auch für weitere Zwecke verwendet werden, wie beispielsweise in Angebotskalkulationen (z. B. Berechnung der Selbstkosten bei grösseren Angeboten, Berechnung von Zusatzaufwendungen bei manueller Verarbeitung), im Benchmarking (z. B.

❏ Tab. 4.1 Prozesstransparenz. Messung aller Tätigkeiten in einem Team über einen Monat mit entsprechendem Vorschlag für eine Standardzeit

Tätigkeit	Stunden	Menge	Schnitt	Vorschlag Standardzeit
SECOM-Abstimmung	4:03:00	19	00:12:47	Pauschal 0,25 h
Stornieren Corporate Action	7:44:00	32	00:14:30	00:14
Bearbeitung Depotstammmutationen	0:52:00	8	00:06:30	00:06
Manuelle Erfassung/Mutation Mandatory Sec-Events «vorbereiten» (inkl. Abklärungen)	228:28:00	886	00:15:28	00:15
Abwickeln physische Coupons/Mäntel (ganze manuelle Verarbeitung)	3:54:00	1	03:54:00	?
…	…	…	…	…
Summe in Stunden	1030:53:00			

Datenpool für Prozessvergleiche, Aufwand- und Kosteninformationen für Teilprozesse bzw. Prozessschritte, Mengenangaben auf Tagesbasis) oder in der Kostenrechnung (z. B. Datenbasis für die Kostenrechnung, Ausreisser und Verteilungen, Kosten manueller Eingriffe).

Phase 2: Performancemanagement

Aufgrund der Tätigkeiten im Tagesgeschäft, bewertet zu den definierten Standardzeiten sowie anderen geschätzten Zeitbedarfen (Projekte, Spezialaufträge, Führungsaufgaben und Verteilzeit/Sonstiges), kann die für einen vergangenen Zeitraum gerechnete Leerzeit (welche auch negativ sein kann) bestimmt werden (◘ Abb. 4.5). Die dazu notwendigen Daten stammen aus verschiedensten Informationsquellen der SGKB.

Tendenziell wird durch Prozess- bzw. Aufgabenoptimierung diese Leerzeit ansteigen. Auch wenn in der Regel eine 100 %-Gesamtauslastung kaum zu erreichen ist, kann dennoch eine konstante vernünftige Gesamtauslastung angestrebt werden.

Ein Erfolgsschlüssel für die Akzeptanz der im Performance Management ermittelten Auslastungszahlen ist, dass die Zeitmessungen pro Aufgabe und die bearbeiteten Mengen pro Mitarbeitendem erfasst werden, die Auswertungen zur Gesamtauslastung aber immer nur auf Gruppen-/Teamebene erfolgen (◘ Abb. 4.6).

◘ **Abb. 4.5** Schätzung der Leerzeit

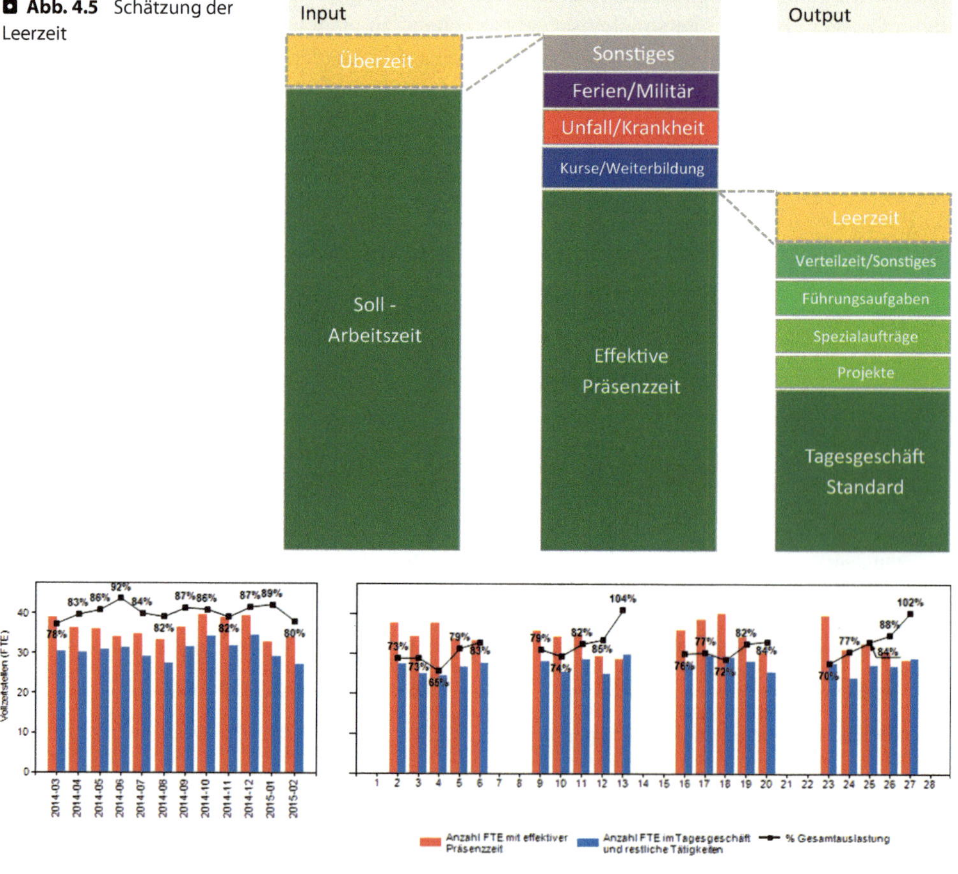

◘ **Abb. 4.6** Beispiel für die grafische Darstellung von Auslastung und Kapazitäten für das Tagesgeschäft

Phase 3: Prozessanforderungen

Die zentrale Fragestellung im Ressourcenmanagement lautet: Welche Mitarbeitende sind wann, wo, in welcher Anzahl und mit welcher Qualifikation verfügbar, um die betrieblichen Teilaufgaben zielgerecht erfüllen zu können? Hier müssen in der Planung somit sowohl Daten zur Quantität als auch zur Qualität von Ressourcen berücksichtigt werden.

Aufgaben sind zum einen mehr oder weniger gut planbar und erfordern auf der anderen Seite eine kürzere oder längere Frist als Reaktionszeit. Je nach Art der Aufgaben müssen Kapazitäten vorgehalten werden, damit die Aufgaben in der definierten Zeit verarbeitet werden können.

Der quantitative Bedarf an Ressourcen setzt sich zusammen aus

- Einsatzbedarf (= Menge × Standardzeit) und
- Reservebedarf (= Einsatzbedarf × Faktor (Planbarkeit + Zeitliche Frist)).

	nicht planbar (50 %)	schlecht planbar (25 %)	gut planbar (10 %)	sehr gut planbar (0 %)
Minutenfrist (50 %)	100 %	75 %	60 %	50 %
Tagfertig (25 %)	75 %	50 %	35 %	25 %
Wochenfertig (-50 %)	0 %	-25 %	-40 %	-50 %
Rest (-100 %)	-50 %	-75 %	-90 %	-100 %

Abb. 4.7 Faktor für Reservebedarfsberechnung

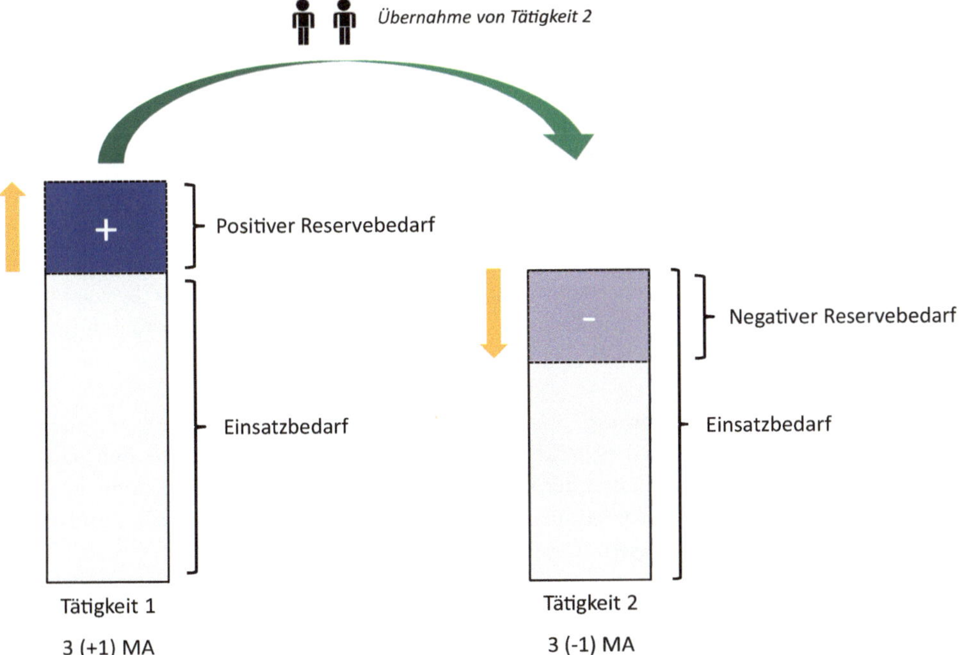

Abb. 4.8 Positiver und negativer Reservebedarf

Nr.	Tätigkeit	Prozessqualifikation SOLL			
		Starter	Kenner	Könner	Experte
1	**Tagegeschäft**				
	4Eye (Kundenschreiben, Freigabe Instruktion, SecEvt > 50 Kunden, IUP-Simple,etc.)		70% 80%	50%	50%
	Abrechnung Volontary SecEvents			30%	
	Abwickeln Liquidationsfälle einfach		80%	20%	
	Abwickeln Liquidationsfälle komplex		100%	50%	50%
	Abwickeln physisches Inkasso inkl. Bearbeitung Excel-File phy. Inkasso		100%	20%	
	Erfassen Instruktionen		50%		
	Erfassen Kundenantworten				
	Erstellen Kundenschreiben (inkl.Abklärungen u. Übersetzen) einfach			50%	
	Erstellen Kundenschreiben (inkl.Abklärungen u. Übersetzen) komplex			30%	70%

Abb. 4.9 Anforderungsprofil der Tätigkeiten im Prozess

Der Reservebedarf ist die vorgehaltene Reservekapazität in einem Prozess, einem Team bzw. einer Abteilung. Dieser kann auch negativ sein, wenn die Tätigkeiten zu einem flexiblen Zeitpunkt durchgeführt werden können (**Abb. 4.7**).

Im Rahmen dieser Betrachtungsweise können positive und negative Reservebedarfe ausgetauscht und damit Kapazität und Kosten eingespart werden. So übernehmen Mitarbeitende, welche für die Tätigkeit 1 eingeplant sind, aber keine Aufträge erhalten (vorgehaltene Kapazität), Aufträge der Tätigkeit 2 (**Abb. 4.8**). Damit können Mitarbeitende für die Tätigkeit 2 eingespart werden.

Der qualitative Bedarf an Ressourcen bestimmt sich aus

- Anforderungsprofil der Aufgabe im Prozess (**Abb. 4.9**);
- fachlichem Fähigkeitsprofil der Ressource bzw. der Mitarbeitenden (**Abb. 4.10**).

Hierbei muss in der Qualifikationsplanung ein Abgleich stattfinden. Die ermittelten Qualifikationen können dann auch für weitere Zwecke verwendet werden, beispielsweise für das Business Continuity Management (z. B. Kritikalität und Planbarkeit der einzelnen Prozesse, Kategorien der Wiederaufnahme vor Prozessen/Planung von Notfall-Stellvertretungen), für Entwicklungsgespräche (z. B. Ergänzung des Kompetenzradars, Mittel zur Festlegung von Eigen- und Fremdbild, Diskussionsraster für fachliche Weiterentwicklung) oder die Know-how-Planung (z. B. Grundlage für die mittel- und langfristige Know-how-Entwicklung, Grundlage für die Lernpfade einzelner Mitarbeitender).

Phase 4: Personalbedarfsrechnung

Die Personalbedarfsrechnung bezweckt unter einer langfristigen Perspektive, den Personalbestand zu reduzieren («Reduktion der Luft») sowie unter einer mittel- und kurzfristige Perspektive, den Personaleinsatz zu optimieren. Beide Perspektiven bedingen fachlich und zeitlich flexible bzw. flexiblere Mitarbeitende.

Auf längere Frist kann somit angestrebt werden, dass durch gesteigerte Flexibilität bei der Aufgabenerledigung nicht für alle Arbeitspakete **individuell** entsprechende Ressourcen (Reservebedarfe) vorgehalten werden, damit die Belastungsspitzen abgedeckt werden, sondern dass der Stellenplafond an den **übergreifenden**, kumulierten Ressourcenbedarf angepasst werden kann.

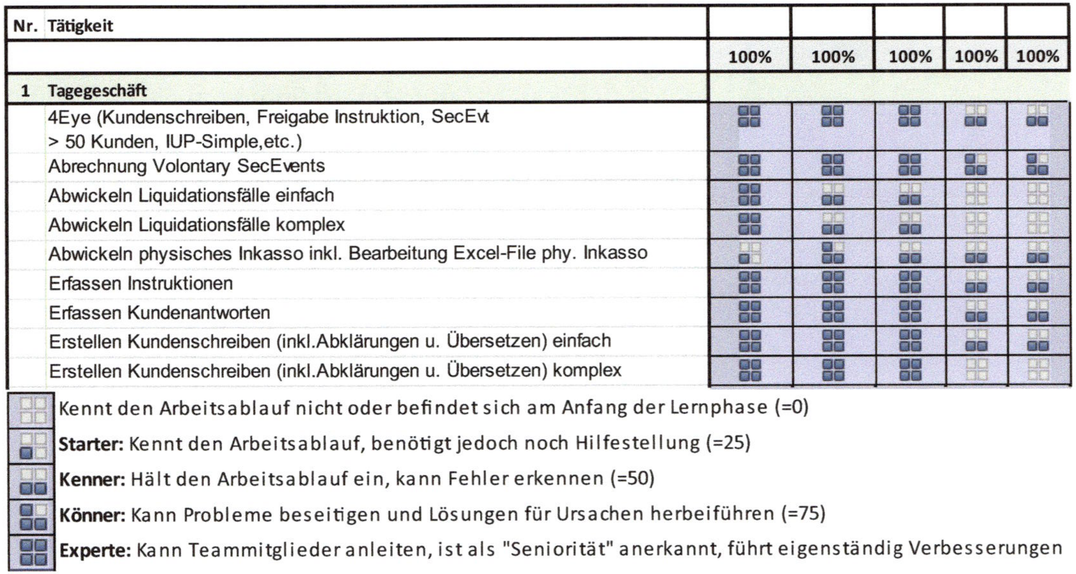

Nr.	Tätigkeit	100%	100%	100%	100%	100%
1	**Tagegeschäft**					
	4Eye (Kundenschreiben, Freigabe Instruktion, SecEvt > 50 Kunden, IUP-Simple,etc.)					
	Abrechnung Volontary SecEvents					
	Abwickeln Liquidationsfälle einfach					
	Abwickeln Liquidationsfälle komplex					
	Abwickeln physisches Inkasso inkl. Bearbeitung Excel-File phy. Inkasso					
	Erfassen Instruktionen					
	Erfassen Kundenantworten					
	Erstellen Kundenschreiben (inkl.Abklärungen u. Übersetzen) einfach					
	Erstellen Kundenschreiben (inkl.Abklärungen u. Übersetzen) komplex					

Kennt den Arbeitsablauf nicht oder befindet sich am Anfang der Lernphase (=0)

Starter: Kennt den Arbeitsablauf, benötigt jedoch noch Hilfestellung (=25)

Kenner: Hält den Arbeitsablauf ein, kann Fehler erkennen (=50)

Könner: Kann Probleme beseitigen und Lösungen für Ursachen herbeiführen (=75)

Experte: Kann Teammitglieder anleiten, ist als "Seniorität" anerkannt, führt eigenständig Verbesserungen

▣ Abb. 4.10 Fachliches Fähigkeitsprofil der Mitarbeitenden

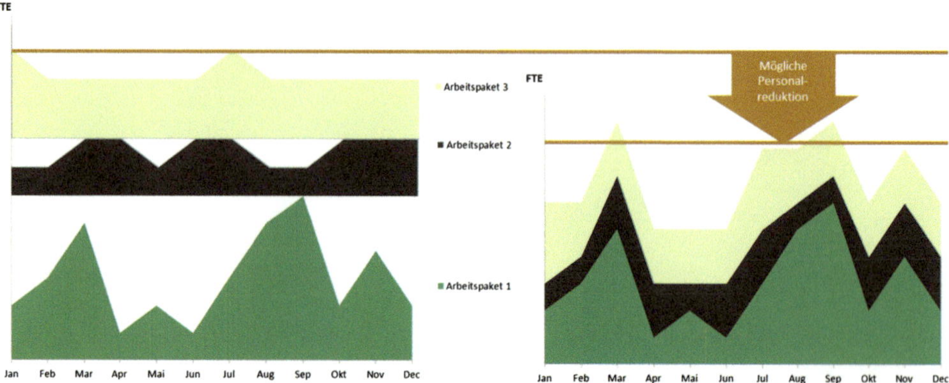

■ **Abb. 4.11**   Langfristige Reduktion des Stellenplafonds durch Flexibilisierung des Ressourceneinsatzes

■ **Abb. 4.12**   Über- und Unteraus-
lastung von Ressourcen

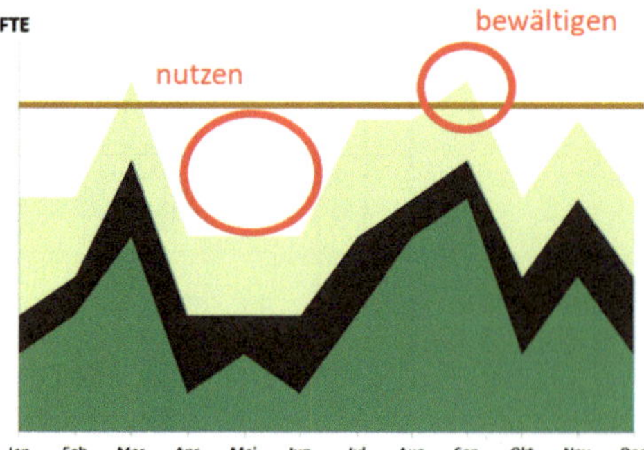

In ■ Abb. 4.11 ist auch ersichtlich, dass bewusst, in Abkehr von der Perfektion, nicht Reservekapazitäten für jede Spitze im Arbeitsanfall vorgehalten werden. Entsprechend den Zielsetzungen kann in Situationen auch eine Unterkapazität bestehen und entsprechend können einzelne Aufgaben nicht in der vordefinierten Zeit erledigt werden.

Phase 5: Personaleinsatzplanung
Um Belastungsspitzen zu bewältigen und/oder die Auslastung der Ressourcen zu verstetigen, können hauptsächlich zwei Ansätze verfolgt werden (■ Abb. 4.12):

- Belastungsspitzen können durch den flexiblen Zuzug von Reservekapazitäten (Springer, Personal auf Abruf, etc.) bewältigt werden
- Belastungsspitzen können bewältigt werden, indem die Zeiten mit tiefer Kapazitätsauslastung genutzt und zeitlich flexible Aufträge entsprechend verschoben werden. Dieser Ansatz setzt voraus, dass zeitlich flexible Aufträge überhaupt vorhanden sind.

Um eine solche Personaleinsatzplanung operativ durchzuführen, müssen die quantitative und die qualitative Dimension miteinander verknüpft werden (■ Abb. 4.13).

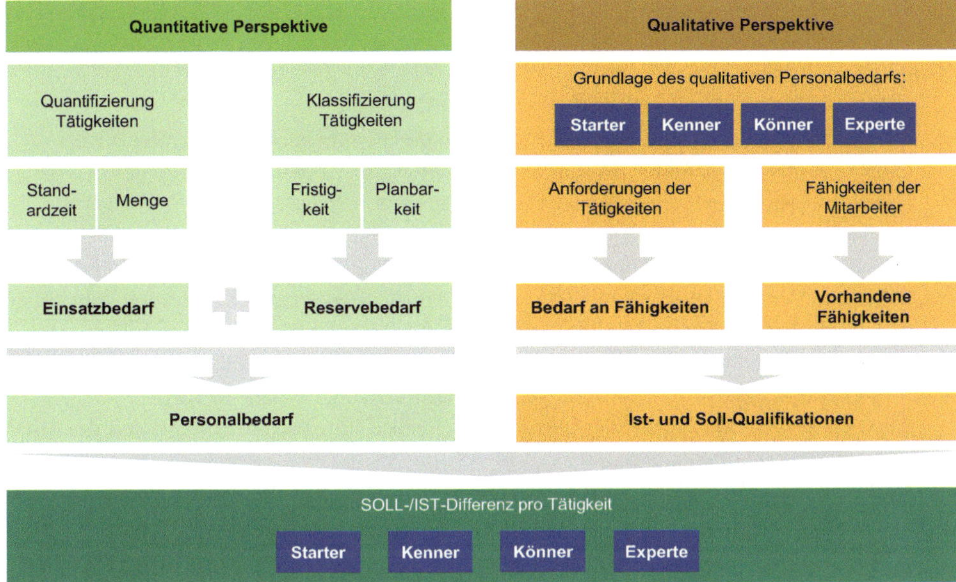

Abb. 4.13 Verknüpfung von quantitativer und qualitativer Ressourcenplanung

4.4 Handlungs- und Anpassungsfähigkeit

Aufgrund der Daten aus dem Vorjahr, adjustiert pro Monat und Tag und in Kombination mit der Präsenzplanung der Mitarbeitenden, kann auf mittlere Frist die Auslastung pro Tag sowie die Soll/Ist-Abweichung der Qualifikationen der Mitarbeitenden verbessert werden und die Ressourcen können entsprechend effizient eingesetzt werden.

» Das Ressourcenmanagement ist gut akzeptiert. Viele Mitarbeitende haben dabei einen ‹Spieltrieb› entwickelt und möchten auch deshalb Leerzeiten möglichst vermeiden (Andreas Barattiero, Leiter Finanzverarbeitung im Service Center der St. Galler Kantonalbank).

Durch die systematische Anwendung des Ressourcenmanagements wurde zudem die Möglichkeit geschaffen, dass Mitarbeitende kurzfristig Aufträge in Eigenverantwortung in der «richtigen» Reihenfolge, das heisst ohne zentrale Priorisierung, erledigen. Sie können und wollen potenzielle Leerzeiten vermeiden, indem sie aus einer Liste teamübergreifende «Füllarbeiten» übernehmen. Entsprechend können Belastungsspitzen entschärft werden und der Ressourceneinsatz ausgeglichen werden.

4.5 Ergebnisse, Wissenszuwachs, Perspektiven

Der Verbesserungsprozess geht weiter. Seit Sommer 2013 konnte der Stellenplafond im Service Center um 3,4 Soll-Stellen reduziert werden, insbesondere durch die Erkenntnisse zu zeitlichem und mengenmässigem Aufgabenanfall und einer daraus möglichen zuverlässigeren Aufgabenplanung und Ressourcenzuteilung.

Dieser Wissenszuwachs führt zu gleichmässigerer Auslastung von Mitarbeitenden und einer entsprechend sinkenden Notwendigkeit, Belastungsspitzen durch zusätzliche Ressourcen abdecken zu müssen.

» Wir sprechen immer über Auslastung. Auslastung und Performance sind Themen auf allen Ebenen. Vom Mitarbeitenden bis zum Geschäftsleitungsmitglied (Andreas Barattiero, Leiter Finanzverarbeitung im Service Center der St. Galler Kantonalbank).

In Zukunft muss das Verständnis für das Gesamtkonzept bei den Mitarbeitenden weiter reifen und der Rollout in weitere Teams und Abteilungen fortgeführt werden. Als weitere Schwerpunkte für die Zukunft sollen zum einen die Ressourcenplanung noch besser in die Entwicklungsgespräche mit den Mitarbeitenden einfliessen und zum anderen eine engere Verknüpfung zwischen Performance Management und Kaizen geschaffen werden.

Als wichtigster kritischer Erfolgsfaktor für die Realisierung wird die Integration der Mitarbeitenden auf allen Stufen angesehen.

Und zu guter Letzt soll bei allen Elementen des Systems mit Pragmatismus an die Arbeit gegangen werden. 80/20-Lösungen genügen.

» Es wird nie stimmen … muss es auch nicht (Andreas Barattiero, Leiter Finanzverarbeitung im Service Center der St. Galler Kantonalbank).

4.6 Fazit: Worin steckt die Prozessintelligenz?

◨ Abb. 4.14 fasst die wesentlichen Aspekte der Fallstudie zusammen, die eindrücklich zeigt, wie der «Prozessintelligenz-Loop» von der Schaffung der analystischen Voraussetzungen über

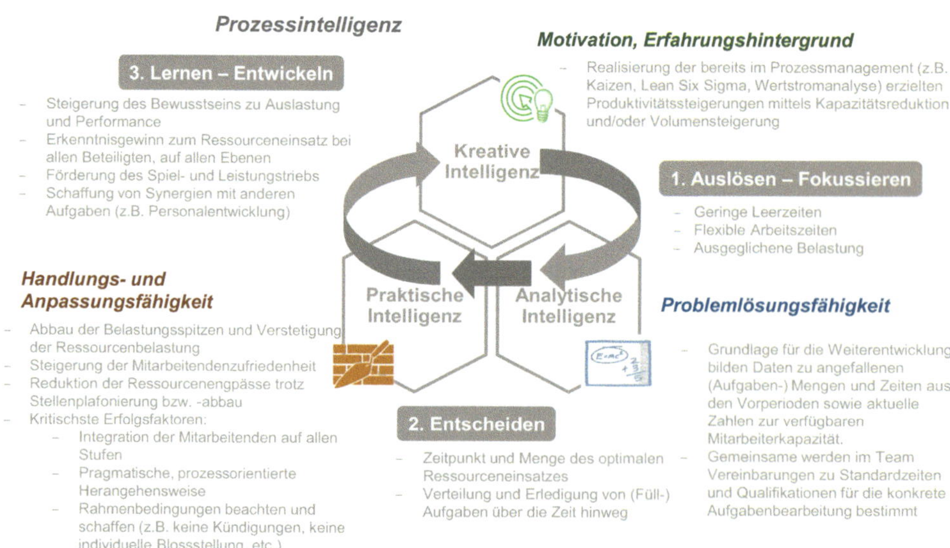

◨ **Abb. 4.14** Einbettung der Fallstudie St. Galler Kantonalbank in das Rahmenwerk

die Steuerung der Prozessausführung hin zur kontinuierlichen Verbesserung geschlossen und permanent weiterentwickelt wird.

Literatur

Schmelzer, H., & Sesselmann, W. (2013). *Geschäftsprozessmanagement in der Praxis*. München: 8. Aufl., Hanser.
Zollondz, H. (2011). *Grundlagen Qualitätsmanagement. Einführung in Geschichte, Begriffe, Systeme und Konzepte*. München: 3. Aufl., Oldenbourg Verlag.

Fallstudie Stadt Lausanne: Prozessanalyse in Kombination mit Process Mining

Ines Leario, Léonard Studer, Denisa Kykalová und Elke Brucker-Kley

© Der/die Autor(en) 2018
E. Brucker-Kley et al. (Hrsg.), *Prozessintelligenz*, https://doi.org/10.1007/978-3-662-55705-1_5

Klassische Business Analyse und Process Mining zu kombinieren, erwies sich als zielführend und äusserst effizient, als sich die Stadt Lausanne der Herausforderung stellte, einen komplexen Baubewilligungsprozess zu optimieren. Einerseits halfen subjektive Aussagen aus den Interviews der Business Analystin, Fragestellungen für das Process Mining zu formulieren. Andererseits objektivierten die Resultate des Process Mining die Analyse der Engpässe und Faktoren, die die Durchlaufzeiten beeinflussen. Der grösste Nutzeneffekt der vorliegenden Fallstudie liegt eindeutig in der verbesserten Problemlösungs- und Entscheidungsfähigkeit, die die Stadt Lausanne durch das Process Mining als Kompetenz nicht nur für den untersuchten Prozess, sondern darüber hinaus gewonnen hat.

5.1   Ausgangssituation und Rahmen

Die Stadt Lausanne ist mit rund 133.000 Einwohnern die viertgrösste Stadt der Schweiz und Hauptstadt des Kantons Waadt. Positioniert im Zentrum des «Arc Lémanique», der sich von Genf über Vevey bis Montreux erstreckt, geniesst Lausanne nicht nur als Hauptsitz des Bundesgerichts und des Internationalen Olympischen Komitees Ansehen, sondern ist ein bedeutendes Wirtschafts-, Kultur- und Bildungszentrum sowie eine wichtige Verkehrsdrehscheibe in der Westschweiz. Die hohe Lebensqualität und der attraktive Wirtschaftsstandort ziehen internationale Firmen an und machen Lausanne, im Verbund mit der Nachbarstadt Morges, zu einer Agglomeration, die von Wachstum und einer starken Dynamik geprägt ist. Der stetig steigende Bedarf nach Wohn- und Arbeitsraum, Mobilität und moderner Infrastruktur stellt nicht nur die Stadtentwicklung, sondern die gesamte Verwaltung der Stadt vor grosse Herausforderungen.

Die Verwaltung der Stadt Lausanne beschäftigt rund 7000 Mitarbeitende in sieben Departementen, die von den auf fünf Jahre gewählten Stadträten geleitet werden. Die Departemente untergliedern sich in insgesamt 41 voneinander meist unabhängige Dienstabteilungen («Services»), welche ihrerseits weiter untergliedert sind. Die vorliegende Fallstudie ist im Departement für Hoch- und Tiefbau («Travaux») angesiedelt, konkret in der Dienstabteilung Stadtplanung («Service d'Urbanisme»), die unter anderem das Büro für Baubewilligungen («Office de la Police des Constructions») umfasst. Das Büro für Baubewilligungen bearbeitet mit rund 15 technischen und administrativen Mitarbeitenden Baugesuche und erteilt Baubewilligungen. Jährlich werden durchschnittlich 450 Bauvorhaben bewilligt, deren Bearbeitung im Durchschnitt 6 Monate dauert.

Die Baubewilligungsvergabe ist auf Ebene Bund, Kanton und Gemeinde durch eine Vielzahl von Rechtsgrundlagen stark reguliert. Deren Einhaltung verantworten der Kanton Waadt und die Stadt Lausanne gemeinsam, wobei zahlreiche Konformitätsbescheinigungen über verschiedene Organisationseinheiten beider öffentlicher Verwaltungen ausgestellt werden müssen. Allein auf Seiten der Stadt Lausanne sind bis zu 19 Abteilungen in den Bewilligungsprozess involviert, um die zahlreichen Auflagen (Umwelt, Bau, Raumplanung, Mobilität etc.) zu erfüllen. Zudem wird bei etwa der Hälfte der Baugesuche der Öffentlichkeit während eines Monats die Möglichkeit eingeräumt, Einsprache zu erheben. Durchschnittlich gehen zwei Einsprachen pro Geschäftsfall ein (◨ Abb. 5.1).

Die Abwicklung der Baubewilligungsvergabe wird durch die Software «Goéland» unterstützt. Goéland wurde von einer Informatikgruppe der Stadt Lausanne für die elektronische Aktenführung entwickelt und erlaubt, geschäftsfallrelevante Akten zentral und einheitlich elektronisch abzulegen. Berechtigte können diese elektronischen Dossiers über die Dienstabteilungsgrenzen hinweg einsehen und editieren. Die ersten Entwicklungen von Goéland stammen

5

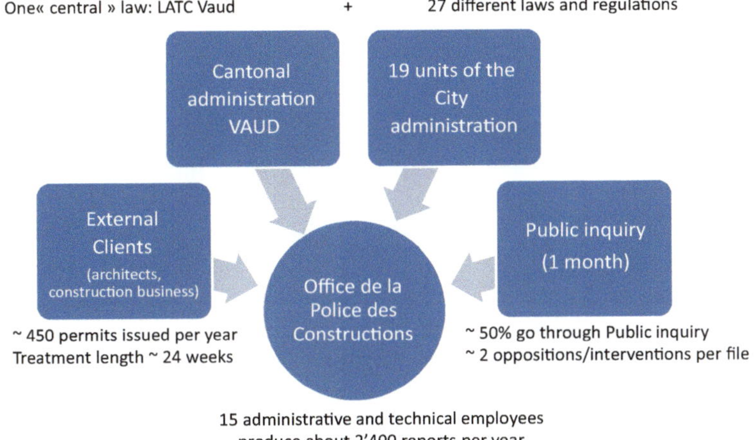

Abb. 5.1 Kontext des Prozesses «Baubewilligungsvergabe» in der Stadt Lausanne

aus den frühen 2000er-Jahren und die Software hat sich im Rahmen von Ad-hoc-Entwicklungen sukzessive zu einer Mischung aus Dokumentenmanagement-, BPM- und Workflowsystem entwickelt.

Eine der wichtigsten Anwendergruppen von Goéland ist das Büro für Baubewilligungen. Jedes Baugesuch wird als Geschäftsfall («Affaire») in Goéland elektronisch erfasst und alle zugehörigen Fallinformationen und Akten werden im elektronischen Dossier abgelegt. Workflowseitig unterscheidet Goéland zwischen a.) Aufgaben, die eine Handlung oder Stellungnahme einer anderen Person oder Organisationseinheit verlangen («Circulation»), und b.) Reaktionen auf eine «Circulation» oder Nachfragen («Suivi»), die aus angehängten Dokumenten oder frei eingegebenem Text bestehen können. Eine «Circulation» und ein «Suivi» können jeweils nur einem einzigen Geschäft, sprich Baugesuch, zugeordnet werden. Einem Baugesuch können viele «Circulations» und «Suivis» zugeordnet sein.

5.2 Motivation, Erfahrungshintergrund, Fokus

Die rasche und dennoch auflagenkonforme Bewilligung von Baugesuchen stellt Agglomerationen wie Lausanne vor grosse Herausforderungen. Die zahlreichen Stakeholder – Verwaltungseinheiten, Bauunternehmungen, Immobiliengesellschaften, Architekten, private Bauherren, Anwohner etc. – verfolgen nachdrücklich ihre Interessen und fordern einen effizienten, nachvollziehbaren Prozess. Das Raumplanungs- und Baurecht des Kantons Waadt (LATC – Loi cantonale sur l'aménagement du territoire et les constructions 1985) definiert klare zeitliche Fristen für die Bearbeitungsphasen eines Baugesuchs. Dem gegenüber steht eine durchschnittliche Bearbeitungsdauer von 6 Monaten pro Baubewilligungsgesuch in der Stadt Lausanne, die in vielen Fällen weder diesen gesetzlichen Auflagen noch den Anforderungen der Stakeholder gerecht wird. Der Gemeinderat macht keine Kompromisse, was die Einhaltung der Rechtsgrundlagen und die Anzahl der Kontrollen betrifft. Somit besteht keine Möglichkeit, die regulatorischen Rahmenbedingungen, die den Prozess per se aufwendig und komplex machen, zu verändern. Die komplette Aufmerksamkeit richtet sich auf die Effizienz des eigentlichen Prozesses und auf das Departement für Hoch- und Tiefbau, das den Prozess verantwortet.

Vor diesem Hintergrund beauftragte der Direktor des Hoch- und Tiefbaudepartements der Stadt Lausanne die Untersuchung des Baubewilligungsprozesses. Nicht der detaillierte Ablauf des Prozesses sollte im Fokus stehen, sondern die Identifikation der wichtigsten Engpässe und Faktoren, die die Durchlaufzeiten beeinflussen. Davon abgeleitete Massnahmen sollten zur Verkürzung und zur gesetzeskonformen und fristgerechten Abwicklung von Baugesuchen beitragen und somit die Zufriedenheit der Anspruchsgruppen und das Image der Verwaltung verbessern.

Die Stadt Lausanne verfügt über kein systematisches organisationsweites Geschäftsprozessmanagement und auch keine organisatorische Einheit, die mit einem stadtweiten Beratungsauftrag oder einem Budget für Prozessmanagement-Initiativen ausgestattet ist. Die Verantwortung für Effizienz und regulatorische Konformität des Verwaltungshandelns liegt in den Händen der einzelnen Organisationseinheiten. Top-down-Initiativen auf Ebene der Departemente sind rar und meist auf Prozess-Dokumentation ausgerichtet, die mit uneinheitlichen Methoden und Vorgehensweisen durchgeführt und durch unterschiedliche Softwarewerkzeuge unterstützt wird. Wird ein Ablauf stadtweit formal als Prozess anerkannt und dokumentiert, so wird dies im Sinne einer Weisung formalisiert (z. B. für die Beschaffung von Informatikmitteln). Nichtsdestotrotz gibt es ein wachsendes Bewusstsein für Geschäftsprozessmanagement in der Verwaltung und bei starken Business-Cases setzen sich immer wieder smarte bottom-up-Initiativen durch, deren Wirkung Beachtung findet und einen Austausch von Erfahrungen und Kompetenzen über die Departementsgrenzen hinweg fördert.

Eine solche Konstellation kam auch im Kontext der Fallstudie zum Tragen. So führte der Auftrag nicht zu einem formalen Projekt, sondern wurde im Rahmen einer Zusammenarbeitsvereinbarung («Convention de Collaboration») zwischen der Dienstabteilung für Stadtplanung im Hoch- und Tiefbaudepartement und der Dienstabteilung für Stadtentwicklung und Kommunikation im Departement für allgemeine Administration und Kultur bearbeitet. Letztere wurde angefragt, den Baubewilligungsprozess zu analysieren, weil es in dieser Dienstabteilung eine Mitarbeiterin mit langjähriger Erfahrung mit Business Analyse und Geschäftsprozessmanagement gab. Da es sich bei einer «Convention de Collaboration» um eine Arbeitsgruppe mit klaren Zielen und Vereinbarungen, aber ohne dediziertes Budget handelt, war es wichtig, möglichst effizient, schnell und ergebnisorientiert vorzugehen.

Zur Baubewilligungsvergabe existierte weder eine Prozessdokumentation, noch gab es, über die gesetzlichen Ausführungsbestimmungen hinaus, strukturierte Beschreibungen oder Anleitungen zum operativen Ablauf. Eine klassische Prozessanalyse und -modellierung stellte angesichts der Komplexität des Prozesses mit Abteilungs-, Departements- und Organisationsgrenzen überschreitendem Charakter eine grosse Herausforderung dar. Erschwerend hinzu kam die starke Auslastung der Mitarbeitenden des Büros für Baubewilligungen, die nur sehr begrenzt für Interviews zur Verfügung standen.

5.3   Problemlösungsfähigkeit und Entscheidungsqualität

Der Anspruch, möglichst rasch zu objektiven und handlungsrelevanten Aussagen über den Baubewilligungsprozess zu gelangen, verlangte nach einer kreativen Problemlösung. Bei den Beauftragten der Arbeitsgruppe war bereits in früheren Projekten die Erkenntnis gereift, dass eine Prozesserhebung durch Interviews bei vielen involvierten Parteien zwar eine gute Übersicht über den gesamten Prozess liefert, jedoch sehr zeitintensiv ist und die Ansichten über die Problemstellen sehr subjektiv und dadurch schwer zu bewerten, gewichten und analysieren sind. Daher sollte die klassische Prozessanalyse um die Analyse der Geschäftsfalldaten aus

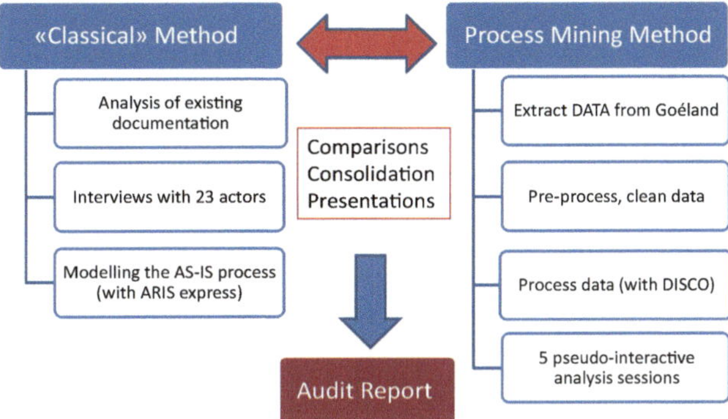

Abb. 5.2 Vorgehen, Methoden und Technologien

dem System Goéland erweitert werden. Ein Mitarbeiter der Dienstabteilung Informatik und Organisation mit spezifischem Know-how in den Bereichen Datenanalyse und Process Mining wurde in die Arbeitsgruppe berufen. Dieser Mitarbeiter hatte bereits in einem früheren Projekt die Process-Mining-Methode eingesetzt, um prozessbezogene, objektive Aussagen aus operativen Daten zu generieren. Die Suche nach einem geeigneten und kostengünstigen Werkzeug führte zu einem Forschungszentrum der Universität Eindhoven (Rozinat und van der Aalst 2006). Dort war die Process-Mining-Lösung «Disco» entwickelt worden, die mit dem Spin-off Fluxicon vor der Markteinführung stand. Das Importmodul der Lösung befand sich in Betaversion und die Stadt Lausanne konnte als Betatester die Betaversion für dieses Projekt nutzen. Nach Abschluss der Initiative und aufgrund des aus Sicht der Stadt Lausanne sehr interessanten ROI wurde eine Lizenz angeschafft, die seither für die Stadt Lausanne im Einsatz ist.

Auf dieser Grundlage konnte ein Vorgehen gestartet werden, das die Prozesserhebung durch Interviews mit einer Process-Mining-Analyse der in Goéland erfassten Geschäftsfälle kombinierte. Die Interviews sollten eine Gesamtprozessübersicht und Hypothesen für die Analyse liefern. Mittels Process Mining sollten dann die Einflussfaktoren der langen Durchlaufzeiten identifiziert und objektive Aussagen über deren Kontext formuliert werden (Abb. 5.2).

Die Interviews lieferten wie erwartet eine Übersicht des Prozessablaufs mit einem sehr hohen Detaillierungsgrad in den darunterliegenden Ebenen (Abb. 5.3).

Beim Versuch im Rahmen der Interviews, die problematischen Bereiche zu identifizieren, verloren sich die interviewten Personen schnell im Detail und ihre Aussagen fielen subjektiv und heterogen aus. Auf die Frage, wie lange beispielsweise die Abwicklung eines Prozessschritts dauere, antworteten viele mit einer Zeitangabe, welche sich auf die Aufgabenbearbeitung selbst bezog, die Liegezeit jedoch nicht berücksichtigte. Auch die Übergabe-Problematik zwischen den vielen involvierten internen und externen Stellen wurde nur selten thematisiert. Es war deshalb sehr schwer, zu beurteilen, ob die bezeichneten Problemfelder wirklich problematisch waren und wie grossen Einfluss sie auf die Prozessdurchlaufzeit hatten.

Nichtsdestotrotz lieferten die Interviews wertvolle Anhaltspunkte darüber, welche Aspekte des Gesamtprozesses genauer untersucht und welche Fragestellungen mit Erkenntnissen aus dem Process Mining adressiert werden sollten. Diese Erkenntnisse wiederum sind für die Suche nach geeigneten Quelldaten in Geschäftssystemen (Ereignis-Logs) für das Process Mining unabdingbar. Im Fall der Baubewilligungsvergabe bei der Stadt Lausanne konzentrierte sich die Process-Mining-Analyse auf die Schritte 2 bis 6 des Prozesses (Abb. 5.3), die sich mit der formalen und vorschriftsmässigen Prüfung durch die Dienststellen der Stadt Lausanne und das Büro für Baubewilligungen befassen. In den Interviews ergaben sich für diese Aktivitäten

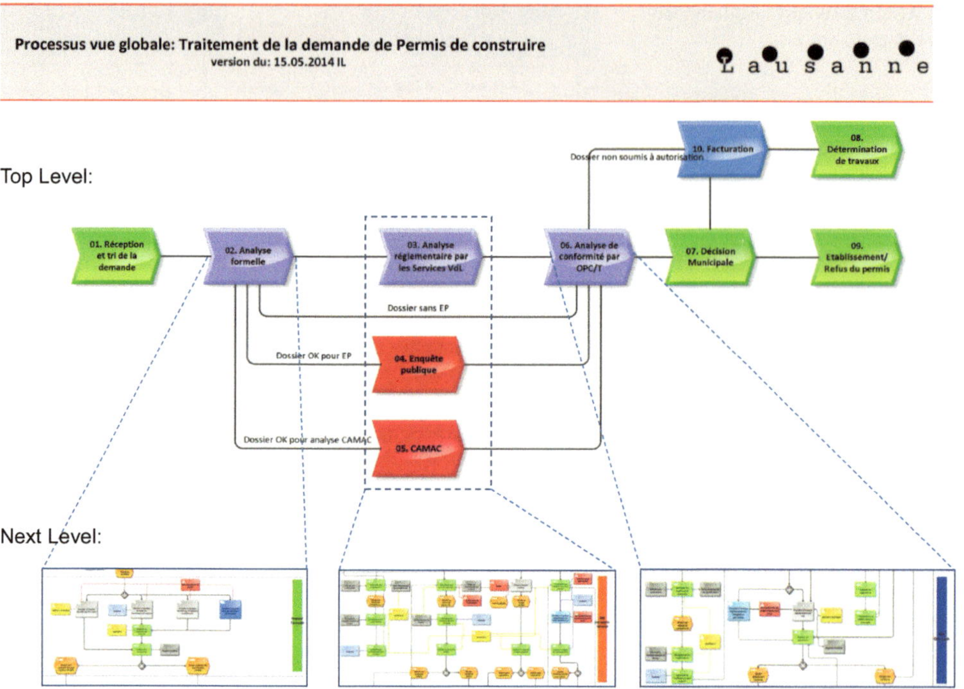

▣ Abb. 5.3   Baubewilligungsvergabe – Mehrstufiges Prozessmodell im Werkzeug ARIS

die meisten offenen Fragestellungen, die im Einflussbereich des Auftraggebers lagen. Das System Goéland enthielt geschäftsfallbezogene Daten, welche für diese Aktivitäten relevant waren oder aus der Durchführung dieser Aktivitäten resultierten, wie z. B. die «Circulations» (Anfragen/Aufgaben pro Geschäftsfall), die «Suivis» (Konformitätsprüfung-Bestätigungen und weitere für die einzelnen Geschäftsfälle wichtige Informationen), beteiligte Personen, Status und Ausgang der Baugesuche.

Bei der Prozesserkennung mit Process Mining und deren visueller Darstellung muss beachtet werden, dass sich ein solches Modell immer nur auf diejenigen Prozessschritte beschränkt, welche durch Daten in einem System repräsentiert und im richtigen Format vorhanden sind. Dabei kann es sich um Daten aus transaktionellen operativen Systemen, Data Warehouse, Workflowmanagement-Systemen, BPM-Suiten und andern handeln. Alle durch Menschen ausgeführten, in keinem System erfassten Aktivitäten sind in diesen Process-Mining-Modellen nicht ersichtlich. Auch ist es nicht möglich, eine beliebige Aktivität eines Prozesses in einer beliebigen Detailtiefe auszuwerten, da der Detaillierungsgrad durch die vorhandenen Daten bestimmt ist. Dafür liefert die Datenanalyse eine präzise, lückenlose und objektive Abbildung der Realität mit allen Ausnahmefällen und Ablaufvarianten über alle ausgewerteten Prozessinstanzen.

Process Mining

Die Disziplin Process Mining ist an der Schnittstelle von Maschineller Intelligenz und Data Mining sowie Prozessmodellierung und -analyse angesiedelt (IEEE CIS Task Force on Process Mining 2011) (◘ Abb. 5.4).

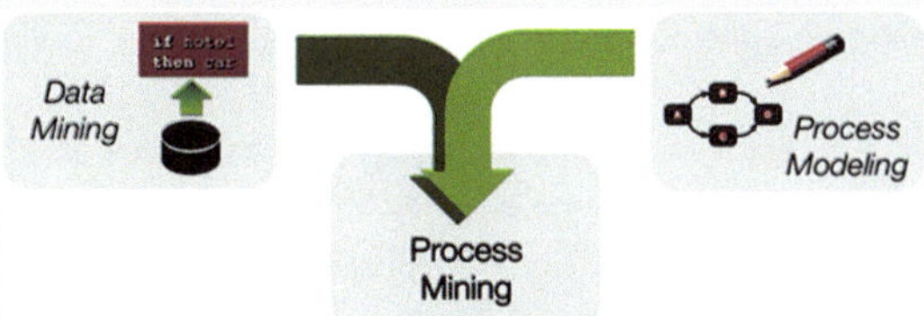

◘ **Abb. 5.4** Elemente des Process Mining. (Rozinat 2011)

„Die Grundidee von Process Mining ist es, **reale Prozessverläufe** (im Gegensatz zu vermuteten oder angenommenen Prozessen) durch Extrahieren von Wissen aus Ereignislogs heutiger (Informations-)systeme zu erkennen, zu überwachen und zu verbessern" (IEEE CIS Task Force on ProcessMining 2011).

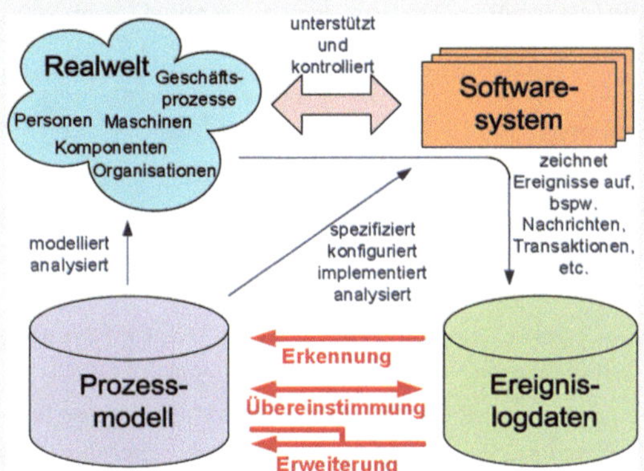

◘ **Abb. 5.5** Process Mining Ablauf. (IEEE CIS Task Force on Process Mining 2011)

„Process Mining umfasst das (automatische) **Erkennen** von Prozessen (d. h. die Konstruktion von Prozessmodellen für ein Ereignislog), die **Übereinstimmungsprüfung** (d. h. die Überwachung von Abweichungen durch den Vergleich von Modell und Log), das Erkennen von sozialen bzw. organisatorischen Netzwerken, die automatische Erstellung von Simulationsmodellen, die **Erweiterung und Verbesserung** von Modellen, das Treffen von Vorhersagen für Fälle, sowie das Ableiten von Empfehlungen auf Basis der Fallhistorie. [...] Ansätze zur Prozessverbesserung (zum Beispiel Six Sigma, TQM, CPI und CPM) und zum Compliance Management (SOX, BAM, etc.) können von Process Mining profitieren" (IEEE CIS Task Force on Process Mining 2011).

Die Ergebnisse des Process Mining hängen massgeblich von der Qualität der Ereignisdaten ab. Die (IEEE CIS Task Force on Process Mining 2011) formuliert in ihrem Process-Mining-Manifest **Leitsätze für das Process Mining** und **Reifegrade für Ereignislog-Daten**:

1. Ereignisse sind fundamentale Informationsträger.
2. Die Extraktion von Ereignisdaten basiert auf konkreten Fragestellungen.
3. Parallelität, Entscheidung und andere Kontrollflusskonzepte werden unterstützt.
4. Ereignisse beziehen sich auf Modellelemente.
5. Modelle sind zweckmässige Abstraktionen der Realität.
6. Process Mining ist ein kontinuierlicher Prozess.

Den Einsatz von Process Mining empfiehlt die (IEEE Task Force on Process Mining 2011) für Ereignisdaten, die mindestens einen Reifegrad *** aufweisen. Resultate auf der Basis von Daten mit Reifegrad * oder ** gelten als nicht belastbar:

***** Ereignisse werden systematisch, automatisch, zuverlässig und wohldefiniert mit einer klaren Semantik aufgezeichnet, was eine Ontologie voraussetzt (z. B. semantisch annotierte Event-Logs in BPM-Systemen).

**** Ereignisse werden systematisch, automatisch und zuverlässig aufgezeichnet (z. B. Ereignislog klassischer BPM-/Workflowsysteme).

*** Ereignisse werden automatisch und korrekt, aber ohne systematischen Ansatz aufgezeichnet (z. B. Daten aus ERP-Systemen und sonstigen Geschäftsapplikationen).

** Ereignisse werden als Nebenprodukt eines Informationssystem und unter Umständen lückenhaft aufgezeichnet (z. B. Ereignislogs aus einem Dokumentenmanagement- oder Produktionssystem).

* Ereignisse werden händisch, unstrukturiert und unvollständig erfasst (z. B. Notizen in Akten/Dokumenten).

BPM- oder BI-Softwareanbieter erweitern ihre Werkzeuge zunehmend um Process-Mining-Funktionalitäten oder entwickeln spezialisierte **Process-Mining-Werkzeuge** (IEEE CIS Task Force on Process Mining 2011):

Disco (Fluxicon), Celonis Process Mining (Celonis), ARIS Performance Manager (Software AG), Comprehend (Open Connect), Discovery Analyst (StereoLOGIC), Flow (Fourspark), Futura Reflect (Futura Process Intelligence), Interstage Automated Process Discovery (Fujitsu), OKT Process Mining Suite (Exeura), Process Discovery Focus (Iontas/Verint), ProcessAnalyzer (QPR), ProM (OpenSource Framework), Rbminer/Dbminer (UPC), Reflec|one (Pallas Athena).

Für die Process-Mining-Analyse zog die Arbeitsgruppe alle bis zum Zeitpunkt des Projekts in Goéland erfassten und abgeschlossenen Fälle der Baubewilligungsvergabe heran. In den drei Jahren seit der Inbetriebnahme von Goéland waren dies rund 1000 Geschäftsfälle. Tabellen und ihre Attribute wurden untersucht, um die für das Process Mining als minimal definierte Attribute zu verifizieren:

- Die Bezeichnung des Ereignisses (Was?)
- Die Zugehörigkeit des Ereignisses (Zu welchem Geschäftsfall?)
- Eine ereignisbezogene Zeitangabe (Wann?)

Eine Übersichtstabelle aller «Suivis» (Rückfragen, Reaktionen) schien für diese Auswertung ideal zu sein. Die drei notwendigen Attribute und ein paar zusätzliche relevante Attribute wurden darin identifiziert und alles sah nach einer schnellen und unkomplizierten Lösung aus. Nun sollten die Daten in eine .csv-Datei aus Goéland exportiert, ihre Qualität überprüft und

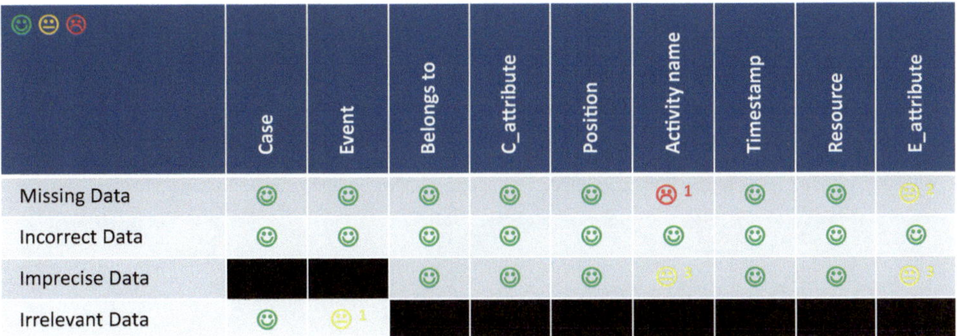

🙂 😐 ☹	Case	Event	Belongs to	C_attribute	Position	Activity name	Timestamp	Resource	E_attribute
Missing Data	🙂	🙂	🙂	🙂	🙂	☹ [1]	🙂	🙂	😐 [2]
Incorrect Data	🙂	🙂	🙂	🙂	🙂	🙂	🙂	🙂	🙂
Imprecise Data	▰	▰	🙂	🙂	🙂	😐 [3]	🙂	🙂	😐 [3]
Irrelevant Data	🙂	😐 [1]	▰	▰	▰	▰	▰	▰	▰

1) No activity names per se. A free text (the follow up) that could be reduced to an activity name (after a heavy use of text mining clustering techniques).
2) Do not contain the length of time for the activity. Hence it will be impossible to differentiate waiting times and processing times.
3) Follow ups written as free text are ambiguous, fuzzy and non standardized labels (see 1) above

◻ **Abb. 5.6**   Qualitätsprüfung der für Process Mining vorgesehenen Datentabelle «Table de suivis»

allenfalls wo nötig angepasst werden (Bose et al. 2013; Fluxicon 2015). Nach dem Import der bereinigten .csv-Datei in die Software Disco sollte die Process-Mining-Analyse starten können.

Die Qualitätsprüfung der ausgewählten Attribute dieser Tabelle ergab jedoch, dass insbesondere die Bezeichnungen der einzelnen «Suivis», welche als Ereignisbezeichnung dienen sollten, problematisch waren. Das entsprechende Feld war als optionales Freitextfeld definiert. Deshalb wurden die Bezeichnungen ohne Struktur oder System eingegeben, waren unpräzise oder fehlten teilweise. Dadurch ergaben sich zu viele Variationen für den Analysealgorithmus – bei den 60.000 ausgewählten Ereignissen ergaben sich 40.000 verschiedene Aktivitätsbezeichnungen –, was eine sinnvolle Auswertung verunmöglichte. Die Zeitstempel und die Geschäftsfallzugehörigkeit wiesen hingegen eine gute Qualität auf (◻ Abb. 5.6).

Ein Versuch, die Aktivitätsnamen mithilfe von Text Mining mit OpenRefine von Google zu gruppieren, scheiterte. Deshalb wurde in Goéland weiter nach geeigneten Daten gesucht. Die Lösung fand man in der Kombination der Tabelle aller «Circulations» (Aufgaben, Anfragen) mit zwei Attributen aus der ursprünglich vorgesehenen Tabelle aller «Suivis» («Circulation erhalten» und «Kommunale Entscheidung»). Diese Ereignisdaten schienen eine bessere Qualität aufzuweisen, aber auch für diese bedurfte es noch einer grösseren Intervention, um die Daten für das Process Mining brauchbar zu machen. Nach dem Export aus Goéland wurden die Daten mithilfe von Pandas, einem für Daten- und Text-Mining einsetzbaren Open-Source-Paket der Programmiersprache Python, analysiert, mit statistischen Analysen ausgewertet und strukturiert. Nach einer anschliessenden Bereinigung des Exportdokumentes (im Goéland selbst durften die Daten nicht verändert werden) konnte der Datensatz in die Process-Mining-Lösung Disco importiert und die prozessorientierten Analysen konnten gestartet werden.

Disco lieferte ein Modell aller Ablaufvarianten der untersuchten Geschäftsfälle, die häufigsten Varianten wurden bei der Visualisierung hervorgehoben (◻ Abb. 5.7).

Ernüchternd war die Erkenntnis, dass die zwei häufigsten Ablaufvarianten nur 76 der 909 ausgewerteten Prozessinstanzen entsprachen: ein klares Indiz für eine sehr hohe Varianz mit vielen Ausnahmen. Interessanterweise wurden im Rahmen der Interviews exakt nur diese beiden Ablaufvarianten erhoben. Alle anderen Ablaufvarianten wären ohne die Process-Mining-Analyse unentdeckt geblieben.

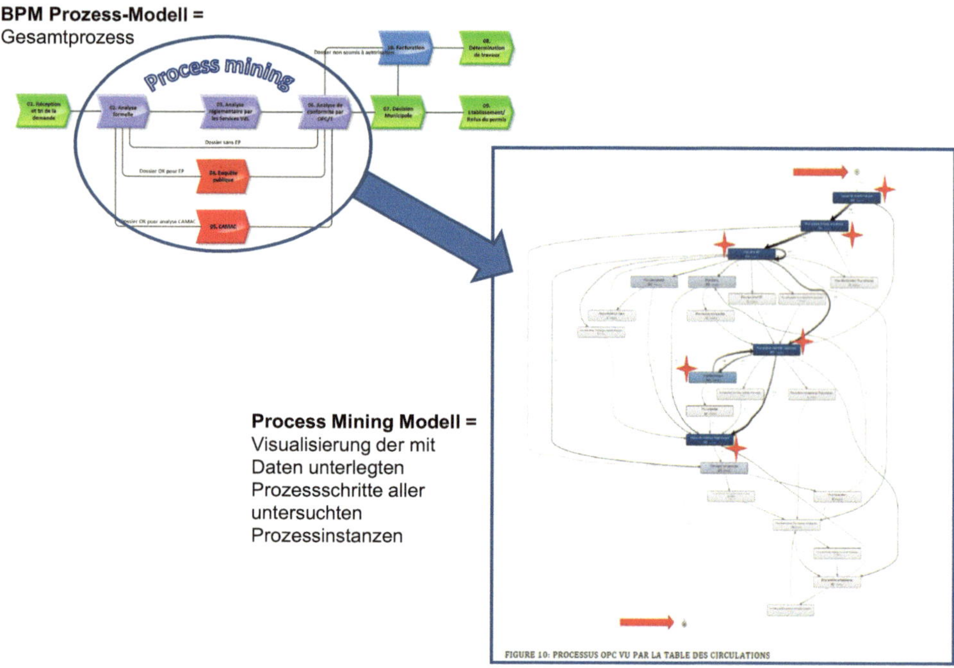

Abb. 5.7 Zusammenhänge der zwei verschiedenen Prozessmodelle

> » The Process Mining Results revealed the human tendency to oversimplify reality (Léonard Studer, BPM and e-gov Change Management Advisor, Ville de Lausanne).

Der Einsatz verschiedener Filter in Disco ermöglichte es, unterschiedliche Aspekte des Prozesses detailliert zu untersuchen und Merkmale zu isolieren, welche zu besonders langen Prozessabläufen führten wie beispielsweise die unbeantworteten oder die unklaren «Circulations» (Aufgaben/Anfragen). In Geschäftsfällen mit beiden – unbeantworteten und unklaren Aufgaben/Anfragen – verzögerte sich die Prozessabwicklung durchschnittlich um 14 Wochen (**Abb. 5.8**).

Aus der Kombination der Ergebnisse beider Methoden konnten viele Erkenntnisse über Schwachstellen und Einflussfaktoren der Prozessdurchlaufzeit gewonnen und in Form objektiver Statistiken aufbereitet werden. Auf dieser Grundlage hat die Arbeitsgruppe konkrete Empfehlungen für Verbesserungsmassnahmen formuliert.

Weitere Erkenntnisse ergaben sich als Nebenprodukte aus der Suche nach prozessrelevanten Daten im System Goéland und den anschliessenden Anstrengungen, diese Daten zu bereinigen und zu strukturieren. Sie beinhalteten einerseits viele statistische Daten, welche für die Entwicklung eines Modells zur Messung der Prozessleistung für die Baubewilligungsvergabe genutzt wurden. Andererseits zeigten sie auf, welche negativen Konsequenzen die Zweckentfremdung des Aktenverwaltungssystems Goéland als Workflow-Management-System mit sich bringt. Darauf basierend wurden Empfehlungen zur weiteren Entwicklung und Verbesserung des Systems Goéland formuliert.

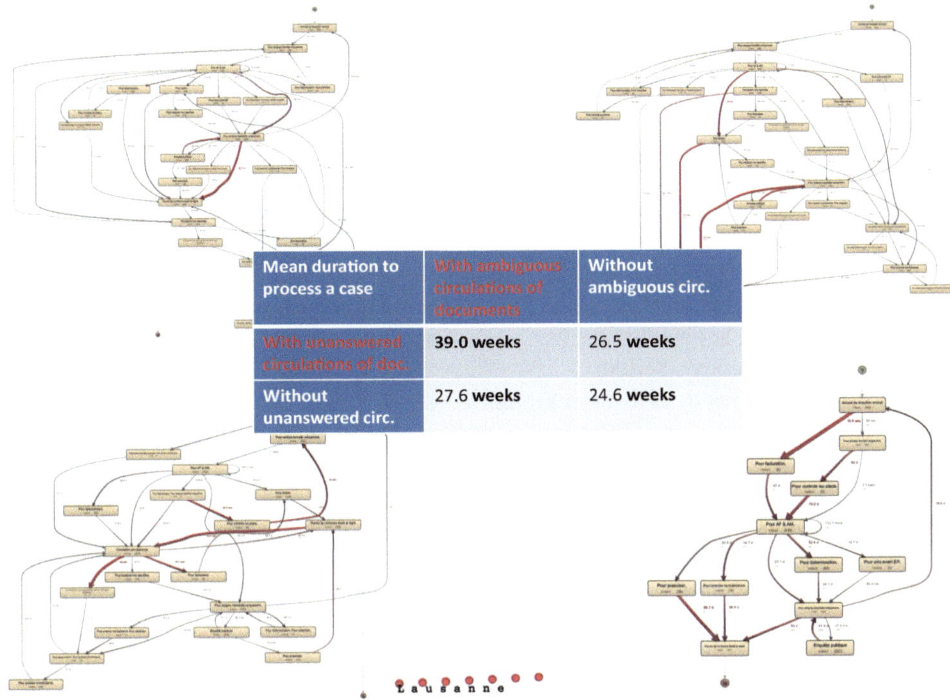

Mean duration to process a case	With ambiguous circulations of documents	Without ambiguous circ.
With unanswered circulations of doc.	39.0 weeks	26.5 weeks
Without unanswered circ.	27.6 weeks	24.6 weeks

▫ Abb. 5.8 Auswertung einzelner Durchlaufzeiteinflussfaktoren in Disco

5.4 Handlungs- und Anpassungsfähigkeit

Die Aussagekraft der Ergebnisse und der davon abgeleiteten Empfehlungen überzeugt durch das hohe Mass an Objektivität. Diese Objektivität wurde nicht nur durch den kombinierten Einsatz von klassischer Business-Analyse und Process Mining erzielt, sondern durch die «neutrale» Besetzung der Arbeitsgruppe mit Mitarbeitenden, die nicht im für den Baubewilligungsprozess verantwortlichen Departement für Hoch- und Tiefbau angesiedelt sind. Diese Objektivität, die für eine wertfreie Beurteilung dieser politisch durchaus brisanten Thematik notwendig war, wirkt sich allerdings auf die Durchsetzung der Handlungsempfehlungen aus. Die Arbeitsgruppe hat keinen Einfluss auf die Umsetzung der vorgeschlagenen Verbesserungsmassnahmen. Auch die Nutzung der erarbeitenden Prozessmodelle und des Modells für die Prozessleistungsmessung für die Steuerung und Optimierung der operativen Prozessausführung liegt ausserhalb des Wirkungsfeldes der Arbeitsgruppe. Die Umsetzung der meisten Massnahmen wurde bisher weder priorisiert noch terminiert, insbesondere weil die Baubewilligungsvergabe stadtweit bis vor kurzem nicht als Prozess anerkannt wurde und deshalb weder Prozessstatus noch einen eindeutigen Prozessverantwortlichen für die stadtweit verteilten Aktivitäten besass. Kürzlich wurde aber nun die bereichsübergreifende Baubewilligungsvergabe als Prozess anerkannt, was demnächst durch die Erstellung einer Generalpolice formalisiert werden soll. Vereinzelt werden gegenwärtig Massnahmen, welche im Ermessensspielraum einzelner Bereiche liegen, diskutiert und sollen in naher Zukunft umgesetzt werden.

Die Handlungs-, Entscheidungs- und Anpassungsfähigkeit in der operativen Prozessausführung könnten durch die Umsetzung der vom Projektteam vorgeschlagenen Verbesserungsmassnahmen bedeutend erhöht werden. Neben Empfehlungen, die sich auf den Prozessinhalt beziehen, wurden die folgenden Kategorien von Massnahmen für eine verbesserte Transparenz und Steuerbarkeit des Prozesses definiert:

- Baubewilligungsvergabe über alle beteiligten Dienstabteilungen der Stadt Lausanne als Prozess anerkennen und diesen in einer Generalpolice mit einer klaren Prozessverantwortung und weiteren relevanten Leistungseigenschaften festhalten und kommunizieren.
- Ergonomie und Ökonomie des IT-Systems Goéland verbessern, sodass die täglichen Abläufe und Kommunikation in der operativen Prozessabwicklung und die Qualitäts- und Leistungsüberwachung besser unterstützt werden können (Beispiele: Vereinheitlichung der Datum-Formate; ergänzbare und anpassbare Auswahllisten anstatt freie Texteingabe bei den Aktivitätsbeschreibungen; kein Missbrauch des Dokumentenablagesystems als Workflowmanagement-System).
- Teilautomatisierung des Prozesses mithilfe eines geeigneten Workflowmanagement-Systems vorantreiben (Automatisierungspotenziale wurden durch die Analysen identifiziert).
- Das entwickelte Modell zur Messung der Prozessleistung für die Prozesssteuerung einsetzen und Werkzeuge für das Management entwickeln, die die Überwachung der Qualität und der Effizienz der Prozessausführung erlauben.

5.5   Ergebnisse, Wissenszuwachs, Perspektiven

Die Arbeitsgruppe hat die Zielsetzungen des Auftraggebers vollumfänglich erreicht. Die für die Durchlaufzeit des Prozesses kritischen Stellen wurden erkannt, die Einflussfaktoren der Durchlaufzeit wurden identifiziert und analysiert und Verbesserungsvorschläge wurden erarbeitet. Die zusätzlichen Erkenntnisse und Nebenprodukte haben die Erwartungen sogar übertroffen: Der Ist-Prozess wurde kartographiert, verschiedene Statistiken erstellt, welche zur Entwicklung eines Modells für die Messung der Prozessleistung führten, und Empfehlungen zur Verbesserung des Systems Goéland wurden erarbeitet.

Darüber hinaus gelang die Erarbeitung von Arbeitsergebnissen, die das Prozessmanagement der Stadt Lausanne gesamthaft verbessern könnten:

- Konzepte für die Qualitätsüberprüfung sowie die Risikoüberwachung für Prozesse mit der Empfehlung, diese als Management-Instrumente generell für alle Prozesse einzuführen.
- Vorschläge zur Verbesserung der Kommunikation über die Abteilungs-, Departements- und Organisationsgrenzen hinweg, sowohl extern wie intern.

Als kritische Erfolgsfaktoren für die effiziente Durchführung bezeichnet die Arbeitsgruppe folgende Faktoren:

- Druck von externen Stakeholdern zur Veränderung
- Auftragsvergabe durch ein Stadtratsmitglied
- Positive Einstellung und Kooperationsbereitschaft des Managements
- Uneingeschränkter Zugriff auf teilweise heikle Daten und deren kontrollierte Nutzung durch die Arbeitsgruppe
- Wahl geeigneter, effizienter und anwenderfreundlicher Software-Werkzeuge
- Sehr gute Zusammenarbeit innerhalb der Arbeitsgruppe

▬ Sachlicher, rein prozessbezogener Fokus der Analyse ohne Berücksichtigung politischer oder menschlicher Einflussfaktoren.

» The focus was on the process, JUST the process and nothing else (Ines Leario, City Development and Communication, Ville de Lausanne).

Die Nutzenvorteile des in dieser Fallstudie beschriebenen Vorgehens haben sich in der Verwaltung der Stadt Lausanne herumgesprochen, sodass bereits weitere Aufträge zur Prozessanalyse mit Anwendung der gleichen Methoden und Werkzeuge erteilt wurden. Im Unterschied zur Baubewilligungsvergabe-Problematik fokussieren diese Aufträge nicht immer auf die Durchlaufzeit eines kompletten Prozesses, sondern analysieren beispielsweise einzelne Prozessschritte und deren Effizienz in Abhängigkeit von verschiedenen Einflussfaktoren. Die gewonnenen Erkenntnisse in Bezug auf die Eignung und Aufbereitung von Ereignisdaten aus dem Baugesuchsvorgang fliessen in diese Folgeaufträge ein. Sind Optimierungsempfehlungen für den Baugesuchsprozess umgesetzt, liesse sich das Process Mining auch für den Baugesuchsprozess wiederholen, um ein Feedback zu den die erzielten Effekten zu erhalten.

» Process Mining ist ein kontinuierlicher Prozess (Leitsatz Nr. 6 des Process Mining Manifests, IEEE CIS Task Force on Process Mining 2011).

5.6 Fazit: Worin steckt die Prozessintelligenz?

◨ Abb. 5.9 fasst die wesentlichen Aspekte der Fallstudie im Kontext des Studienrahmenwerks zusammen. Die gewählte Vorgehensweise, klassische Business Analyse und Process Mining zu kombinieren, erwies sich als zielführend und äusserst effizient. Der Auftrag konnte innerhalb von nur drei Monaten erfolgreich abgeschlossen werden. Dies wäre aus Sicht der Arbeitsgruppe ohne die Process-Mining-Komponente nicht möglich gewesen. Die Kombination der Methoden ermöglichte es, Vorteile beider Methoden auszunutzen und ihre Schwächen zu kompensieren. So halfen die subjektiven Aussagen aus den Interviews, die Fragestellungen für das Process Mining zu schärfen und Anforderungen an die zu analysierenden Dateninhalte zu identifizieren. Die objektiven, ereignisdatenbasierten Resultate des Process Mining wären wiederum ohne die vorangehende Business Analyse aus dem Kontext gerissen und nur schwer zu deuten gewesen.

» Extraktion von Ereignisdaten basiert auf konkreten Fragestellungen (Leitsatz Nr. 2 des Process Mining Manifests, IEEE CIS Task Force on Process Mining 2011).

Interessanterweise wurden einige der Erfolgsfaktoren des in dieser Fallstudie beschriebenen Vorgehens quasi «aus der Not geboren». Die Objektivität der Arbeitsgruppe, die aus Know-how-Trägern anderer Departemente zusammengestellt wurde, erlaubte eine neutrale Sicht auf einen Prozess, der bereits negativ in den Fokus aller Anspruchsgruppen und der breiten Öffentlichkeit geraten war. Die Tatsache, dass eine formale Projektorganisation mit klar definierten Personalressourcen und Projektbudget fehlte, führte zu kreativen und pragmatischen Lösungen. Eine Process-Mining-Lösung in Betaversion, deren Einsatz zu diesem Zeitpunkt noch als «experimentell» einzustufen war, erwies sich als Schlüsselelement, das nicht nur für den Baubewilligungsprozess, sondern auch darüber hinaus in Folgeaufträgen wertvolle Erkenntnisse für die Verwaltung der Stadt Lausanne liefert.

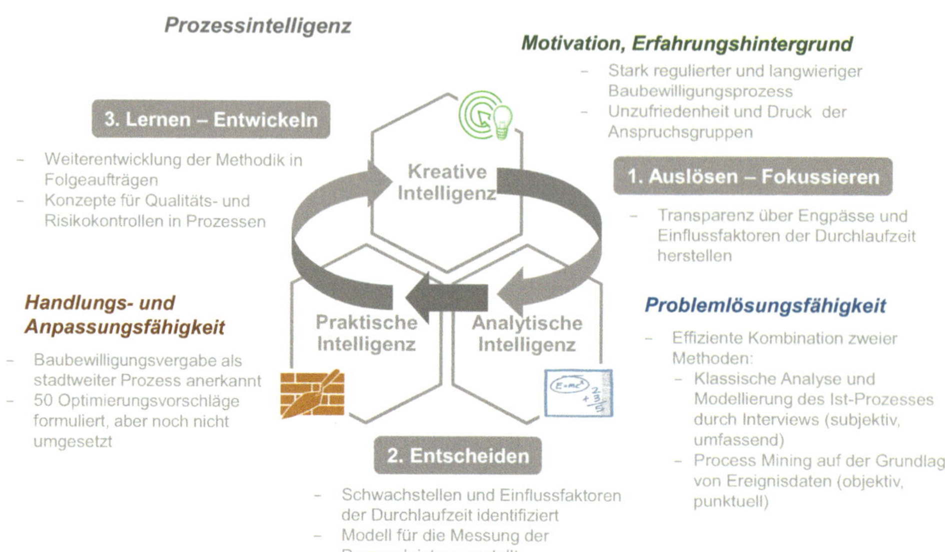

☐ Abb. 5.9 Einbettung der Fallstudie Ville de Lausanne in das Rahmenwerk

Der grösste Nutzeneffekt der vorliegenden Fallstudie liegt eindeutig in der Dimension der verbesserten Problemlösungs- und Entscheidungsfähigkeit. Die Handlungsrelevanz im Sinne echter und umgesetzter Verbesserungen der Prozessausführungen blieb bis dato aus organisatorischen Gründen auf Handlungsempfehlungen beschränkt. Mit der Anerkennung des Baubewilligungsverfahrens als formaler stadtweiter Prozess sind jedoch die ersten Schritte in Richtung einer effektiven Prozessgestaltung und -steuerung getan. Wichtige Grundlagen hierfür wurden bereits mit der Modellierung des Ist-Prozesses, dem ausführlichen Optimierungsmassnahmenkatalog sowie dem Modell für die Messung der Prozessleistung geschaffen.

Literatur

Bose, R. P. J. C., Mans, R. S., & van der Aalst, W. M. P. (2013). Wanna improve process mining results? In 2013 IEEE Symposium on Computational Intelligence and Data Mining (CIDM), 127–134.

Fluxion (2015). Data Quality Checklist for Process Mining. http://coda.fluxicon.com/assets/downloads/Training/Articles/Ensuring-Data-Quality-In-Process-Mining.pdf. Zugegriffen: 20.12.2017

IEEE CIS Task Force on Process Mining (2011). Process mining manifest (german version). http://www.win.tue.nl/ieeetfpm/doku.php?id=shared:process_mining_manifesto. Zugegriffen: 20.12.2017

LATC (1985). Loi cantonale sur l'aménagement du territoire et les constructions. http://www.rsv.vd.ch/ (Erstellt: 04.12.). Zugegriffen: 13.06.2015

Rozinat, A. (2011). How process mining compares to data mining. https://fluxicon.com/blog/2011/02/how-process-mining-compares-to-data-mining/. Zugegriffen: 13.06.2015

Rozinat, A., & van der Aalst, W. M. P. (2006). Decision mining in ProM. *Business Process Management, 4102*, 420–425.

Die in diesem Kapitel enthaltenen Bilder und sonstiges Drittmaterial unterliegen ebenfalls der genannten Creative Commons Lizenz, sofern sich aus der Abbildungslegende nichts anderes ergibt. Sofern das betreffende Material nicht unter der genannten Creative Commons Lizenz steht und die betreffende Handlung nicht nach gesetzlichen Vorschriften erlaubt ist, ist für die oben aufgeführten Weiterverwendungen des Materials die Einwilligung des jeweiligen Rechteinhabers einzuholen.

6

Fallstudie F. Hoffmann-La Roche: Prozess-Simulation im Global Clinical Trial Supply

Frank Heister, Pirmin Fröhlicher, Curdin Ragaz, Karlheinz Schwer und Elke Brucker-Kley

© Der/die Autor(en) 2018
E. Brucker-Kley et al. (Hrsg.), *Prozessintelligenz*, https://doi.org/10.1007/978-3-662-55705-1_6

Den Bereitstellungsprozess in globalen klinischen Studien optimal zu steuern, ist eine anspruchsvolle Aufgabe mit herausfordernden Zielkonflikten. Auf der einen Seite gilt es, das Risiko von «Stock-outs» (Fehlmengen) zu reduzieren, auf der anderen Seite will man, Mehrkosten durch eine Überproduktion an Studienmedikation («Overage») vermeiden. Die vorliegende Fallstudie demonstriert, wie das Simulation-Team bei F. Hoffmann LaRoche Global Clinical Demand and Supply Management durch die Vorhersage optimaler Produktions- und Liefermengen wertvolle Entscheidungsgrundlagen liefert. Dabei geht der Einsatz von Simulation über die operative Prozesssteuerung hinaus und liefert Impulse für die kontinuierliche Verbesserung der Prozesskette, indem der Bereitstellungsprozess auf der Grundlage der Simulationsergebnisse fortlaufend optimiert und standardisiert wird.

6.1   Ausgangssituation und Rahmen

Der zentrale Punkt in den Zulassungsvoraussetzungen in der Entwicklung von Medikamenten ist der Nachweis deren Sicherheit und therapeutischer Wirksamkeit. Diese werden für die einzelnen Entwicklungsphasen in klinischen Studien überprüft. Um möglichst valide statistische Aussagen zu erhalten, werden klinische Studien weltweit und mit unterschiedlichen Patientenkollektiven durchgeführt. Die Marktzulassung kann nur nach erfolgreichem Abschluss aller notwendigen Voraussetzungen erfolgen. Dabei gilt es für Roche, für mehrere hundert Studien gleichzeitig eine effiziente und effektive klinische Supply Chain sicherzustellen, die nicht nur den definierten Service Levels, sondern auch internationalen Standards und regulatorischen Anforderungen entspricht.

Im Rahmen eines Studienprotokolls erhalten die teilnehmenden Patienten den Wirkstoff nach einem bestimmten Dosierungsschema und in einer festgelegten Darreichungsform. Komplexität und Kosten klinischer Studien variieren je nach Anzahl der eingeschlossenen Patienten, geographischer Verteilung und Art der Medikation. Beispiele für mögliche Kostentreiber sind:

- die Benutzung spezieller Kühlbehältnisse, die eine konstante Temperatur während des gesamten Transports gewährleisten, um thermische Einflüsse auf die Studienmedikation zu verhindern.
- der Ankauf zum Marktpreis einer Arznei von einer Drittfirma zum Vergleich der Wirksamkeit der Behandlungen.

Den potentiell sehr hohen Herstellungs-, Beschaffungs- und Distributionskosten steht ein schwer vorhersehbarer Bedarf an Studienmedikation gegenüber, da der Rekrutierungsprozess von Patienten zufälligen Schwankung unterworfen ist, die eine exakte Planung deutlich erschweren.

Eine Möglichkeit, den beschriebenen Schwankungen und Unsicherheiten des Bereitstellungsprozesses zu begegnen, ist die modellhafte Beschreibung des Prozesses. Ein Prozessmodell ermöglicht die Simulation von verschiedenen Szenarien, deren Ergebnisse wieder in die Prozessplanung einfliessen.

Abb. 6.1 Bereitstellungsprozess

◙ Abb. 6.1 beschreibt den Bereitstellungsprozess. Die Simulation umfasst die Prozessschritte von der Produktion des Wirkstoffes bis zum Versand an den Versuchsleiter. Die Einnahme durch den Patienten ist nicht Gegenstand der Simulation.

Eine nicht optimale Wahl der Prozessparameter kann zu folgenden Situationen führen:

1. **Mehrkosten durch Überschuss von Studienmedikation:** Aufgrund regulatorischer Vorschriften kann die überschüssige Studienmedikation nicht in jedem Fall zurückgerufen und wiederverwendet werden. Durch eine zu konservative Wahl der Prozessparameter werden Mehrkosten generiert.

2. **Mehrkosten durch Studienverzögerungen:** Falls auf Basis der Schätzung zu wenig Medikation produziert wird, können Patienten nicht ausreichend mit Studienmedikation versorgt werden. In extremen Fällen wird die Studie erheblich verzögert. Im Falle einer verzögerten Markteinführung entstehen erhebliche Umsatz- und Gewinneinbussen.

Bei der Wahl der optimalen Prozessparameter existieren also Zielkonflikte. Zum einen gilt es, das Risiko zu minimieren, die eingeschlossenen Patienten aufgrund von «Stockouts» (Fehlmengen) nicht ausreichend mit Studienmedikation versorgen zu können. Zum anderen soll durch den Versand einer möglichst geringen Menge der sogenannte «Overage» (die Überproduktion) begrenzt werden, um die Studienkosten möglichst tief zu halten.

Die zentrale Herausforderung in der Prozessplanung ist eine möglichst exakte Vorhersage des Rekrutierungsverlaufs, um daraus eine Vorhersage des Bedarfs an Studienmedikation ableiten zu können.

6.2 Motivation und Fokus

Die Motivation, den Bereitstellungsprozess modellhaft zu fassen und durch Simulation sukzessive zu optimieren, ist im Wesentlichen die Kontrolle von Kosten und Risiken. Auf der einen Seite werden möglichst niedrige Herstellungs- und Distributionskosten angestrebt. Dem gegenüber steht die Aufrechterhaltung des Service-Levels, der trotz Kostendruck nicht reduziert werden darf. Es soll unbedingt vermieden werden, Studienteilnehmer nicht mit Medikation versorgen zu können.

Der Begriff «optimal» hat für verschiedene Prozessbeteiligte unterschiedliche Bedeutungen:

- Clinical Operation (Studienleiter): Optimal sind möglichst hohe Puffermengen.
- Lagerhaltung: Optimal ist, wenig Lagerplatz zu belegen.
- Distribution: Optimal bedeutet, wenige Lieferungen zu Depots und Spitälern zu haben.
- Finance: Optimal ist, wenig Medikation herzustellen oder einzukaufen.

6.3 Problemlösungsfähigkeit und Entscheidungsqualität

Um den Bereitstellungsprozess und seine Prozessparameter abzubilden und strategische Supply-Entscheide durch Simulationsergebnisse zu unterstützen, wird eine speziell entwickelte Software eingesetzt. Die Simulationssoftware deckt folgende Schritte des Bereitstellungsprozesses ab (vgl. ◙ Abb. 6.1):

- Produktion des Wirkstoffes
- Verpackung
- Verteilung an die Depots
- Versand an den Versuchsleiter.

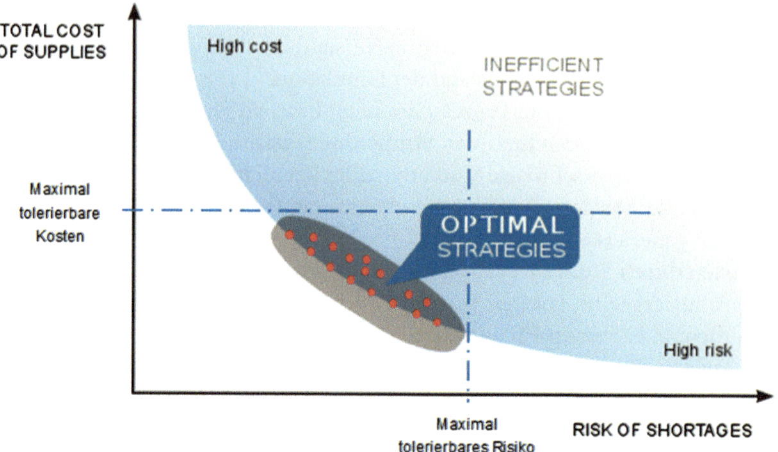

◘ Abb. 6.2   Kosten-Risiken-Diagramm

In die Anforderungen an die Simulationssoftware flossen die in der Vergangenheit gemachten Simulations-Erfahrungen ein:

- Abwägen von Risiko gegen Kosten – unter Berücksichtigung des Service-Levels
- Bedarfs- und Beschaffungsplanung für klinische Studien
- Optimieren von Parametern für die prozessausführenden Softwaresysteme, wie SAP R/3 etc.
- Evaluation und Vergleich verschiedener Szenarien
- Standardisierung der Planung und Aufwandsschätzung von klinischen Studien
- Was-wäre-wenn-Analysen zur Beurteilung unterschiedlicher Lieferstrategien

◘ Abb. 6.2 zeigt das Kosten-Risiken-Diagramm, in dem die optimalen Supply-Strategien qualitativ dargestellt sind. Die gesuchten Optima der Supply-Strategien liegen im Grenzbereich des Kosten-Risiko-Diagramms.

In ◘ Abb. 6.3 ist der zeitliche Verlauf des zu erwartenden Medikationsbedarfs der Studie dargestellt. Aufgrund der bereits erwähnten Unsicherheiten im Bereitstellungsprozess, z. B. «Drop Outs» von Patienten oder Schwankungen im Rekrutierungsprozess, weisen die Simulationsergebnisse eine gewisse Variabilität, um den zu erwartenden Mittelwert auf. Dieses zentrale Ergebnis erlaubt Rückschlüsse auf den zu erwartenden Medikationsbedarf, auf die optimale Lieferhäufigkeit und die zu empfehlenden Produktmengen. In der Simulation werden ebenfalls die Haltbarkeitsdaten der zu liefernden Medikation berücksichtigt.

In ◘ Abb. 6.4 sind die aus der Simulation ermittelten Trigger- und Resupply-Level dargestellt. Die Simulation zeigt den zeitlichen Verlauf der Lagerbestände eines Depots und signalisiert, ab welchem Bestand eine Nachbestellung ausgelöst werden muss, um die Versorgung der Patienten mit Studienmedikation zu gewährleisten.

Erneute Simulation

Die Simulation einer Studie beginnt mit dem Eintritt des ersten Patienten und endet mit dem Austritt des letzten Patienten. Während der Laufzeit einer Studie kann der Bereitstellungsprozess mit Hilfe der Ergebnisse einer erneuten Simulation in gewissen Grenzen beeinflusst

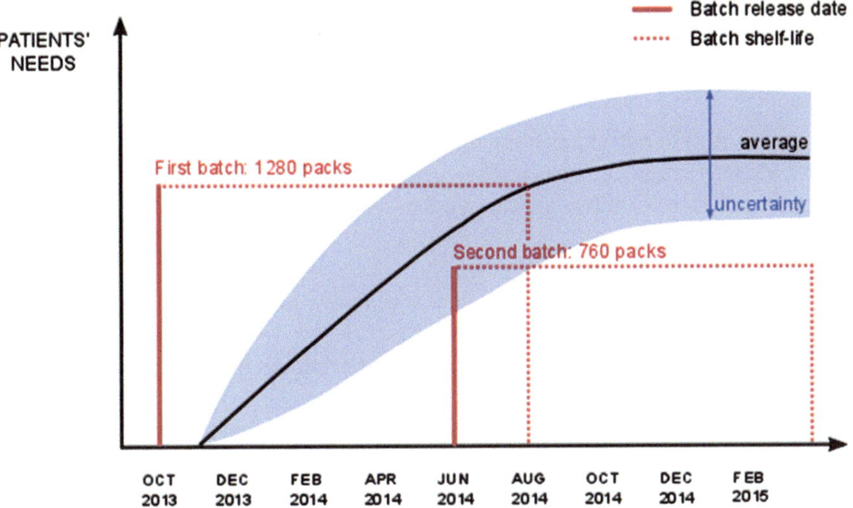

▢ Abb. 6.3 Zeitlicher Verlauf des kumulierten Medikationsbedarfs. (Quelle: n-side)

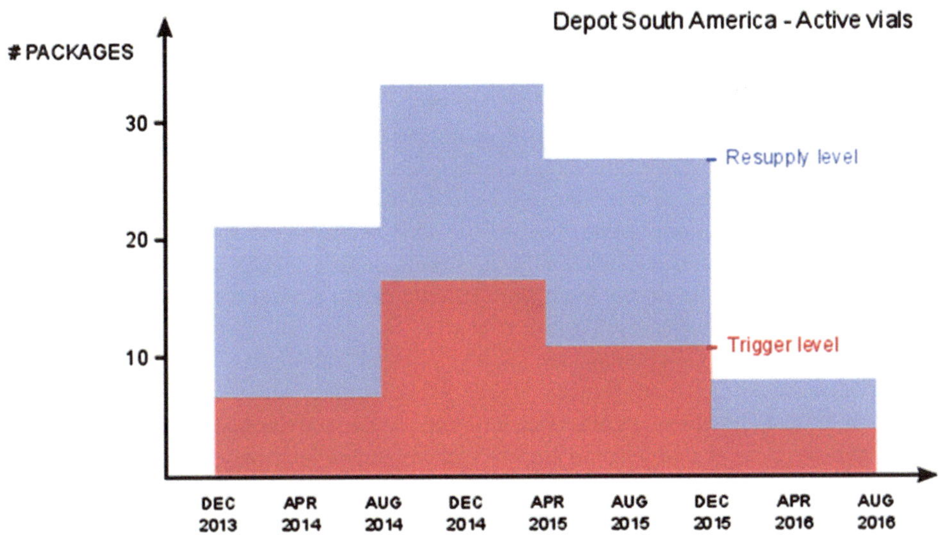

▢ Abb. 6.4 Trigger- und Resupply-Level eines spezifische Depots zur Steuerung der Supply-Chain. (Quelle: n-side)

werden. Die während der Studie erhobenen Ist-Prozessdaten ermöglichen eine erneute Simulation, um folgende Faktoren zu beeinflussen:

- Anpassung des Produktionsplans anhand von realen Rekrutierungszahlen von Studienteilnehmenden («competitive recruitment strategy»)
- Vermeiden von Versorgungsengpässen und damit die Einhaltung des geforderten Service Levels
- Antizipieren von Lieferverzögerungen und Ermitteln von Strategien für eine rechtzeitige Lieferung
- Anpassen der Lieferstrategie, um dem «Overage» von Studienmedikation zu begegnen.

Kommunikation der Ergebnisse mit beteiligten Prozesspartnern

Ein wichtiger Aspekt der Simulation ist die Kommunikation mit den beteiligten Prozesspartnern. Vor diesem Hintergrund stellt die Simulationssoftware die Möglichkeit zur automatisierten Erstellung von Berichten zur Verfügung. Die Berichte können in verschiedenen Detaillierungsgraden und in verschiedenen Formaten generiert werden. Die Berichte ermöglichen neben der Visualisierung der Simulationsergebnisse den Vergleich verschiedener Lieferstrategien, den detaillierten Kostenvergleich und den Vergleich verschiedener Prozessfaktoren.

Modelle und deren Simulation

Den Kern von Computersimulationen bilden sogenannte System-Modelle, mit Hilfe derer die in der Realität beobachteten Prozesse formal beschrieben werden. Abhängig vom Komplexitätsgrad und der Art des erstellten Modells existiert eventuell keine geschlossene mathematische Lösung.

Ein allgemein bekanntes und gleichzeitig sehr komplexes Beispiel sind Wettermodelle, die zur Vorhersage des Wettergeschehens eingesetzt werden. Da für diese komplexen Modelle keine geschlossenen analytischen Lösungen existieren, kommen numerische Simulationsmethoden zum Einsatz.

Die im Rahmen dieser Fallstudie eingesetzte Software basiert auf einer Simulations-Engine, die ereignisorientierte Simulationen, sogenannte «**discrete-event simulations**» unterstützt. Dabei werden Entitäten (z. B. Packeinheiten, Patienten, Hospitäler) und Beziehungen zwischen diesen Entitäten (z. B. der Versand der Packeinheiten, die Rekrutierung von Patienten, der Verbrauch von Studienmedikation) modelliert, um den Ablauf einer klinischen Studie möglichst realitätsnah abbilden zu können (Abdelkafi et al. 2009). Dabei werden auch stochastische, d. h. zufällige Aspekte mit aufgenommen, um die Unwägbarkeiten im Verlauf einer klinischen Studie abzubilden. Zu nennen wäre hier etwa die zufällige Verteilung der Ankunftszeiten von Patienten in der Rekrutierungsphase der Studie. Die zufälligen/stochastischen Grössen eines Systems können als Zufallsvariablen aufgefasst werden, deren Wahrscheinlichkeitsverteilung mit in die Simulation einfliessen. Nach einer ausreichenden Anzahl von Simulationen können die Ergebnisse mit statistischen Methoden beurteilt werden. Die wiederholte Durchführung von Simulationen zur Gewinnung statistisch gesicherter Erkenntnisse wird auch als **Monte-Carlo-Simulation** bezeichnet (Hedtstück 2013, S. 21). Darüber hinaus verfügt die Simulations-Engine über die Möglichkeit, zu jeder Zeit Re-Simulationen durchzuführen, um neue Erkenntnisse über den Prozess und dessen Parameter zu gewinnen. Hierbei werden die gewonnenen Erkenntnisse aus dem bisherigen Studienverlauf mit einbezogen, um die Genauigkeit der Annahmen z. B. in Bezug auf Rekrutierungsraten oder Dropout-Raten zu erhöhen.

> **Simulation**
>
> Simulation wird im Kontext des Geschäftsprozessmanagements als Analysemethode sowohl für das Design als auch für die Steuerung und die Optimierung von Prozessen eingesetzt. Zweck der Simulation ist es, Rückschlüsse auf das reale Prozessverhalten unter bestimmten Bedingungen, d. h. in Abhängigkeit bestimmter Parameter zu ziehen. Mittels Simulation lassen sich diverse Aussagen machen (EABPM 2014, S. 156), beispielsweise:
>
> — über die Prozessleistung und wie sich diese unter verschiedenen Bedingungen verändert (z. B. Vorhersage der Durchlaufzeiten in Abhängigkeit bestimmter Mengen)

- ob Prozessmodelle in Simulationsdurchläufen dieselben Ergebnisse erzielen wie der operative Prozess (Validierung des Modells)
- welche Variablen den grössten Einfluss auf die Prozessleistung haben
- wie sich unterschiedliche Prozessablaufvarianten bzw. Änderungen im Prozessmodell auf die Prozessleistung auswirken

  Simulationsfunktionalität kann über eine spezialisierte Simulations-Software eingekauft oder entwickelt werden. Die Simulations-Engine kann generisch oder auf einen spezifischen Anwendungskontext ausgerichtet sein. Verschiedene BPM-Suiten bieten teilweise Simulationsfunktionen an, die für die Analyse von Prozessmodellen oder von implementierten Workflows einsetzbar sind.

6.4 Handlungs- und Anpassungsfähigkeit

Generell konnte der Prozessablauf im Supply-Prozess mit der Wirkstoffproduktion, der Lieferplanung und der Lieferdurchführung von klinischen Studien unter Berücksichtigung aller relevanten Einflussfaktoren mithilfe der Simulationsergebnisse standardisiert und optimiert werden.

Das Simulationsteam kann nun während der Prozessdurchführung Risiken schneller und genauer identifizieren und somit rechtzeitig darauf reagieren. Ändern sich Annahmen, so können innerhalb von wenigen Minuten die Auswirkungen auf die Studie simuliert werden. Wesentlich für die Relevanz der Simulation ist, dass die Annahmen möglichst realitätsnah getroffen werden und dass die an der Studie beteiligten Hospitäler und Depots die Daten zeitnah und korrekt erfassen.

6.5 Ergebnisse, Wissenszuwachs, Perspektiven

Die mit der Einführung der Simulationssoftware angestrebten Ziele wurden ausnahmslos erreicht. Die Simulation hält den Rentabilitätsprüfungen des Controlling stand. Der mit der Simulation verbundene Aufwand steht in einem klaren Verhältnis zu einem nachweisbaren Nutzen.

Der generierte Nutzen lässt sich wie folgt zusammenfassen:

- Reduktion von «Overage», d. h. signifikante Kosteneinsparungen durch weniger Überschussproduktion
- Minimiertes Risiko von «Stock outs». Das Risiko, Patienten nicht ausreichend mit Wirkstoffen versorgen zu können, ist reduziert.
- Objektive Entscheidungsgrundlage, welche Wirkstoffmengen wann produziert und geliefert werden müssen, d. h. optimierte Lieferhäufigkeit und -mengen (Distributionskosten)
- Integrierte Betrachtungsmöglichkeiten der komplexen Zusammenhänge im Bereitstellungsprozess durch die Software.

Eine besondere Herausforderung in der Anwendung der Simulationssoftware liegt darin, die Qualität der manuellen Dateneingabe auf Seiten der Hospitäler und Depots sicherzustellen,

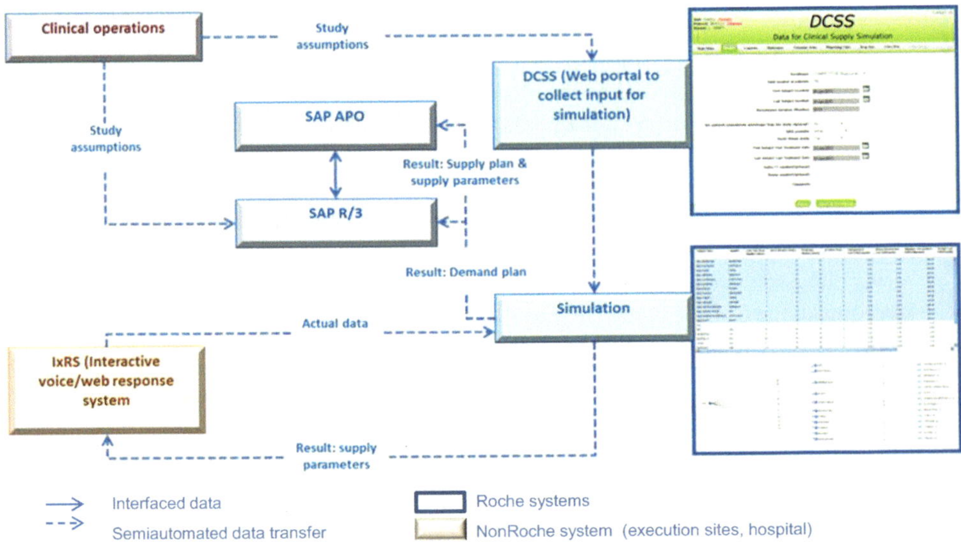

◻ Abb. 6.5   Lösungsarchitektur

da gute Simulationsergebnisse nur auf der Grundlage korrekter Daten möglich sind. Ausserdem müssen die Simulationszeitpunkte gut gewählt werden. Wird zu früh simuliert, gibt es noch keine stabilen Daten, wird zu spät simuliert, gibt es weniger Möglichkeiten, Entscheide zu beeinflussen.

In einem nächsten Schritt ist die Erweiterung der bestehenden Lösung (siehe ◻ Abb. 6.5) mit einem Feedback-Loop für die Simulation geplant. Zu diesem Zweck sollen Ist-Prozessdaten («Actuals») automatisch von einem Drittsystem in die Simulationslösung integriert werden.

6.6   Fazit: Worin steckt die Prozessintelligenz?

◻ Abb. 6.6 fasst die wesentlichen Aspekte der Fallstudie im Kontext des Studienrahmenwerks zusammen.

Diese Fallstudie zeigt, dass Simulation eine sehr effektive Methode darstellt, um Risiken und Kosten in der klinischen Supply Chain zu kontrollieren. Die eingesetzte Simulations-Engine liefert wertvolle Entscheidungsgrundlagen, um Vorhersagen über optimale Produktions- und Liefermengen machen zu können. Dabei bleiben die Prozessanalysen nicht auf theoretischen «a priori»-Annahmen beschränkt, sondern werden mit Ist-Daten aus den laufenden Studien angereichert, um eine zeitnahe Reaktion auf veränderte Anforderungen der Produktions- und Supply-Planung zu ermöglichen. Durch eine automatisierte Integration von Ist-Prozessdaten könnte diese Reaktionszeit noch weiter verbessert werden.

Der Einsatz von Simulation geht über die operative Prozesssteuerung hinaus. Die Tatsache, dass der Bereitstellungsprozess auf der Grundlage der Simulationsergebnisse fortlaufend optimiert und standardisiert wird, macht deutlich, dass Simulation kein rein analytisch-taktisches Instrument ist, sondern durchaus Impulse für die kontinuierliche Verbesserung der Prozesskette liefert.

Abb. 6.6 Einbettung der Fallstudie F. Hoffmann-LaRoche in das Rahmenwerk

Literatur

Abdelkafi, C., Benoît, H. L., Benoit, D., Druck, C., & Horoho, M. (2009). Balancing risk and costs to optimize the clinical supply chain – a step beyond simulation. *Journal of Pharmaceutical Innovation, 4*, 96–106.

EABPM (2014). *Business process management common body of knowledge – BPM CBOK version 3.0*. Giessen: Dr. Götz Schmidt.

Hedtstück, U. (2013). *Simulation diskreter Prozesse*. Berlin, Heidelberg: Springer.

Fallstudie: Stadt Konstanz: Smartes Modellieren von Geschäftsprozessen für Smart Cities

Marco Mevius und Florian Kurz

© Der/die Autor(en) 2018
E. Brucker-Kley et al. (Hrsg.), *Prozessintelligenz*, https://doi.org/10.1007/978-3-662-55705-1_7

Die Fallstudie zeigt, wie intuitiv zugängliche Modellierungssprachen und multimediale Annotation dazu beitragen, Expertenwissen strukturiert zu dokumentieren. Grundlage der Fallstudie ist ein Reengineering-Projekt der Stadt Konstanz, in dessen Rahmen ein Parkraumkonzept erstellt wurde. Dabei konnten Fachanwender unter Einsatz einer agilen Vorgehensweise mit dieser Art der Prozessmodellierung zum Teil komplexe fachliche Sachverhalte selbst modellieren und dokumentieren. Den Anwendern wird hierbei ermöglicht, ohne detaillierte Kenntnis über die Modellierungssprache oder Modellierungstechniken eigene kreative Lösungen in das Geschäftsprozessmanagement einzubringen.

7.1   Ausgangssituation und Rahmen

Die Stadt Konstanz (DE) ist mit 82.557 Einwohnern die grösste Stadt am Bodensee. Neben der Landwirtschaft, welche hauptsächlich aus Weinbau besteht, sind die Industrie und der Tourismus umsatzstarke Branchen. In den insgesamt 3300 Unternehmen sind aktuell mehr als 33.500 Personen beschäftigt. Hinzu kommen zwei Hochschulen, die Universität Konstanz und die Hochschule Konstanz Technik, Wirtschaft und Gestaltung (HTWG).[1]

Die Stadtverwaltung der Stadt Konstanz wird seit mehreren Jahren im Rahmen von verschiedenen Projekten im Kontext der Prozesssteuerung und Digitalisierung von Geschäftsprozessen vom Konstanzer Institut für Prozesssteuerung der HTWG unterstützt. Eine übergeordnete Fragestellung der Stadtverwaltung adressiert die adäquate Bereitstellung von IT-Services zur Partizipation der Bürger in unterschiedlichen Szenarien. Zur Beantwortung dieser Fragestellung sollen Richtlinien und Vorgehensweisen zur Integration von Bürgern und der erhöhten Transparenz von Verwaltungsprozessen entwickelt werden. Konkretes Ziel ist es insbesondere, mithilfe eines agilen und bürgernahen Geschäftsprozessmanagements eine prozesszentrische Plattform zur kontinuierlichen Verbesserung der Bürgerpartizipation zu gestalten.

Die im Folgenden präsentierte Fallstudie entstand im Rahmen eines Reengineering-Projektes von Verwaltungsprozessen der Stadt Konstanz. Mit dem Projekt wurde das Ziel realisiert, ein neues Parkraumkonzept für den Altstadtbereich der Stadt Konstanz auf innovative Weise zu erstellen. Hierfür wurden in einem ersten Teilprojekt, welches als Grundlage der Fallstudie dient, die Prozesserfassung- und -optimierung der betreffenden Verwaltungsprozesse vorgenommen. Eine grundlegende Zielsetzung war die gleichberechtigte Integration sämtlicher Beteiligter. Aus dieser Anforderung heraus wurden neben den relevanten Angestellten der Stadtverwaltung auch prozessbeteiligte Bürger in die Optimierung der Verwaltungsprozesse unmittelbar eingebunden.

7.2   Motivation und Fokus

Neben ausschliesslichem Wachstum fokussieren Städte heute und zukünftig auf eine effiziente Ressourcennutzung und Vernetzung der beteiligten Akteuren (Thorne und Griffiths 2014). Aus dieser Zielsetzung heraus wurde der plakative Begriff «Smart City» geprägt. Politik, Wirtschaft und Wissenschaft sollen vernetzt interagieren, um damit umfassende Mehrwerte für die Stadt der Zukunft und deren Bürger zu generieren. Durch die konsequente Integration und Beteiligung der Bürger sollen neue Konzepte zur Städteentwicklung und proaktiven Mitgestaltung

---

[1] Vgl. Konstanz in Zahlen http://www.konstanz.de/rathaus/00749/01594/04879/index.html (Abruf 12.05.2015).

ermöglicht werden (Jaekel und Bronnert 2013). Eben diese Vision einer auf unterschiedlichen Ebenen «vernetzen» Stadt stellt die zentrale Motivation der Stadt Konstanz für das konkrete Projekt der Fallstudie dar.

Im Vorfeld der Studie wurden bereits unterschiedlichen Projekte zur bzw. mit Bürgerbeteiligung durchgeführt. Aus den gemachten Erfahrungen mit Bürgerbeteiligung zeigte sich, dass vor allem fehlende Akzeptanz sowohl bei den Bürgern, als auch bei den Angestellten der Stadtverwaltung als Problem identifiziert werden musste. Hinzu kamen gravierende Verständigungsprobleme beim Wissenstransfer zwischen Prozessexperten der Konstanzer Stadtverwaltung und den Bürgern. Grundsätzliches Ziel ist die Konzeption einer prozesszentrischen Smart City Konstanz mit Integration von Akteuren aus Wirtschaft, Wissenschaft und Politik. Durch die Anwendung agiler Vorgehensweisen des Geschäftsprozessmanagements wurde eine direkte Integration der User erreicht. Als User wurden sowohl die Angestellten der Stadtverwaltung, als auch die Bürger spezifiziert. Ein weiterer Fokus der Fallstudie lag auf der konkreten Prozessverbesserung durch unmittelbare Partizipation von Angestellten der Stadtverwaltung und Bürgern bei bestehenden Verwaltungsprozessen. Die Auswahl des Verwaltungsprozesses erfolgte von der Stadtverwaltung.

7.3 Problemlösungsfähigkeit und Entscheidungsqualität

Im Rahmen der Fallstudie kam die agile Geschäftsprozessmanagement-Vorgehensweise M.E.M.O.® zum Einsatz. Die Vorgehensweise M.E.M.O.® erweitert auf eine innovative Art und Weise das traditionelle Geschäftsprozessmanagement (GPM) um agile Konzepte. In den vier Schritten

- Map (Process Mapping),
- Enrich (Prozessanreicherung),
- Monitor (Prozessmonitoring) und
- Optimize (Prozessoptimierung)

werden durch Adaption von agilen Ansätzen aus der Software-Entwicklung und der Definition von Akteuren und deren Aufgaben die Effektivität und Effizienz im Rahmen von GPM-Projekten signifikant erhöht.

Im Zuge des Projektes wurde der Verwaltungsprozess von den Angestellten der Stadtverwaltung während des ersten Zyklus der Vorgehensweise in der Aufnahmephase «Map» in der intuitiven Modellierungssprache BPMN^{Easy} (Mevius et al. 2013) mithilfe einer mobilen GPM-Applikation modelliert. Die Sprache reduziert das BPMN 2.0-Elementset auf Grundlegende Elemente und ermöglicht die Annotation von Mediendateien (Mevius et al. 2013). Sachverhalte, welche die Angestellten der Stadtverwaltung nicht modellieren konnten, wurden mithilfe der nativen Gerätefunktionen der mobilen Applikation wie beispielsweise Videokamera und Audiorecorder an einzelne modellierte Elemente angehängt. Zudem konnten die Angestellten der Stadtverwaltung eigene User-Stories in Form von sogenannten «Kurzgeschichten» an Aktivitäten, Gateways und Ereignisse (standardisierte Modellierungskonzepte der BPMN (OMG 2014)) annotieren. ◘ Abb. 7.1 zeigt eine Kurzgeschichte in Form einer Videoaufnahme zur Benutzeroberfläche eines Angestellten der Stadtverwaltung.

Ergebnis der ersten Phase der Vorgehensweise M.E.M.O.® waren fachliche Modelle des Verwaltungsprozesses. Das fortlaufende Durchführen dieses Zyklus sorgte für die durchgehende Dokumentation von Anforderungen und Verbesserungsideen der Geschäftsprozesse in Form

⬛ Abb. 7.1   Kurzgeschichte in Form einer Videoaufnahme

der initial definierten und dann fortgeführten Kurzgeschichten. In ⬛ Abb. 7.2 wird der Auszug eines Verwaltungsprozesses nach der ersten Prozessaufnahme durch Angestellte der Stadtverwaltung skizziert. Nachdem der Prozess gestartet wurde (Start Event), erfolgt die Anmeldung am IT-System, welches zur Bearbeitung eines Parkplatzausweises benötigt wird. Anschliessend können Angestellte der Stadtverwaltung entweder einen neuen Fall durch Auswahl eines Falltyps erstellen, oder durch Aufruf einer Onlineanfrage eine von einem Bürger erstellte Anfrage bearbeiten. Teilautomatisierte Aktivitäten sind blau eingefärbt. Die grau eingefärbte Aktivität «Onlineanfrage aufrufen» ist eine generische Aktivität, welche nicht weiter spezifiziert wurde. Eine detaillierte fachliche Beschreibung der möglichen Sequenzflüsse des exklusiven Gateways erfolgt über die annotierte Kurzgeschichte in Form einer Videoaufnahme.

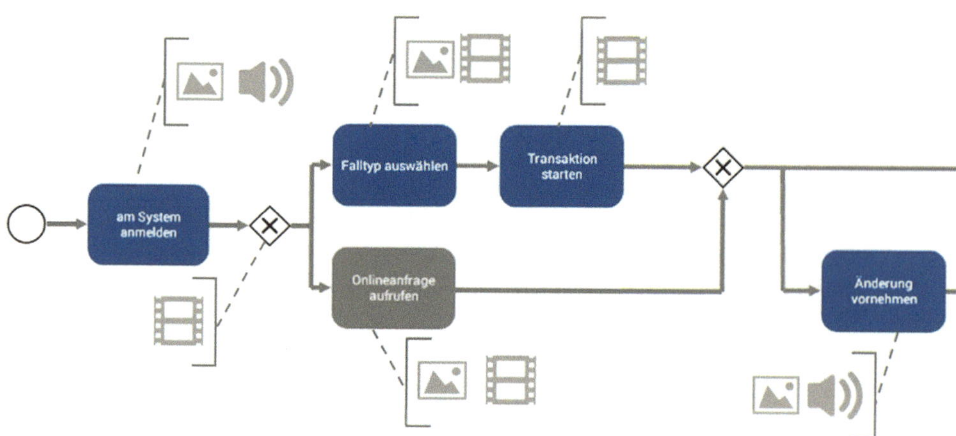

⬛ Abb. 7.2   Auszug eines Verwaltungsprozesses nach einer ersten Aufnahmephase

Nachdem der sogenannte «Schönwetterflug» ausmodelliert wurde, wurde das Modell in einer neuen Version um die Sonderfälle und Sonderregelungen ergänzt. Im Rahmen der Sonderfallmodellierung wurde auf Basis des Kosten/Nutzen-Verhältnisses darauf geachtet, ob die Sonderfälle wirklich benötigt wurden oder ob eine Vereinheitlichung (Streamlining) ökonomisch sinnvoll zu realisieren war und durchgesetzt werden konnte.

Die fachlichen Modelle wurden anschliessend in einer weiteren Phase in Zusammenarbeit mit der IT-Abteilung technisch angereichert. Multimedial annotierte Änderungswünsche und Optimierungspotentiale konnten bereits hier in die bestehende IT-Infrastruktur implementiert werden. Synchronisation und der Abnahmeschritt führten abschliessend die zwei Zyklen Map und Enrich zusammen, indem die realisierten Anforderungen mittels anwendbarer oder ausführbarer Geschäftsprozesse nachgewiesen und diese mit den Verantwortlichen und dem Kurzgeschichtenkatalog synchronisiert wurden. Zudem wurden im Nachgang der ersten Modellierungsphase ausgewählte Bürger, welche bereits mit dem Verwaltungsprozess «Anwohnerparkplatzberechtigung» als Anwender vertraut waren, in den Modellierungsprozess integriert. Durch eigene multimediale Kommentare konnte der Verwaltungsprozess ohne Kenntnis über das Modell und die Sprache von den Bürgern adäquat angereichert werden.

Die agile Vorgehensweise wurde insbesondere durch die Einfachheit und intuitive Verständlichkeit der Sprache BPMN^{Easy} (Mevius et al. 2013) erfolgreich umgesetzt. Eine hohe Akzeptanz sowohl der Angestellten der Stadtverwaltung als auch der Bürger konnten erreicht werden. Der Intuitive Zugang zur Prozessmodellierung, das «smarte» Modellieren der Verwaltungsprozesse, ermöglichte es den Angestellten der Stadtverwaltung, ihr Wissen in ihrem Fachterminus strukturiert zu dokumentieren. Hiermit konnte neben der Dokumentation von Verwaltungsabläufen auch eine Kommunikationsbasis zwischen der Stadtverwaltung und der IT-Abteilung geschaffen werden. Neben der abteilungsübergreifenden Kommunikationsbasis konnte mithilfe der modellierten und annotierten Verwaltungsprozesse die Transparenz der operativen Tätigkeiten verbessert werden.

Methode des ganzheitlichen agilen Geschäftsprozessmanagements
Die in der Fallstudie angewandte ganzheitliche Methode umfasst die agile Vorgehensweise M.E.M.O.® (◘ Abb. 7.3), die Sprache BPMN^{Easy} und das Werkzeug BPM Touch®.

Agile Vorgehensweise M.E.M.O.®
Mit M.E.M.O.® werden Geschäftsprozessmodelle iterativ und inkrementell unter direkter Integration der Fachanwender modelliert. Neben der technischen Modellierung von Sachverhalten adressiert M.E.M.O.® zudem die Geschäftsprozessaufnahme (Capturing). Der Name repräsentiert die vier Phasen Map (Aufnahme), Enrich (Anreicherung/Verfeinerung), Monitor (Überwachung/Auswertung) und Optimize (Optimierung) (Mevius et al. 2013).

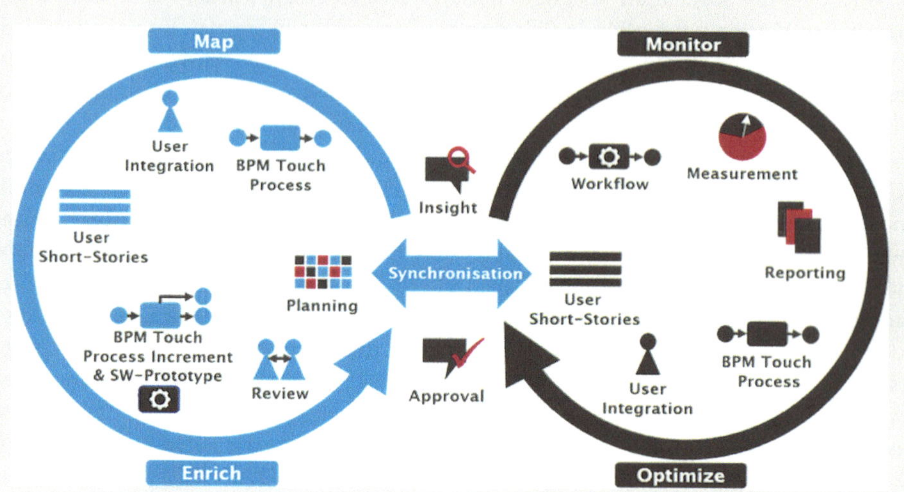

◘ Abb. 7.3   M.E.M.O.® Vorgehensweise für das agile Business Process Management

Sprache BPMN[Easy]

BPMN[Easy] reduziert das Elementset vom BPMN 2.0-Standard. Das synonymfreie Elementset von BPMN[Easy] umfasst Ereignisse (Start-, Zwischen- und Endereignisse), Aktivitäten (generisch, manuell, teilautomatisiert und automatisiert) und Gateways (exklusiv und parallel). BPMN[Easy] erfüllt die Anforderung der formalen Beschreibbarkeit von Prozessmodellierungssprachen nach (van der Aalst und Hofstede 2003). Alle Elemente von BPMN[Easy] können mit Mediadateien annotiert werden. Dies ermöglicht eine Anreicherung der Prozessmodelle mit Audio-, Video-, Bild- und allgemeinen Dateien. Aufgrund des intuitiven Elementsets und der Multimediaannotation kann ein BPMN[Easy]-Modell sowohl von nicht IT-affinen Anwendern als auch von IT-Experten gleichermassen modelliert, überprüft und analysiert werden (Mevius et al. 2013, 2014).

Werkzeug BPM Touch®

Zur Modellierung mit der Sprache BPMN[Easy] und der multimedialen Annotation der einzelnen Elemente wird die mobile Applikation BPM Touch® eingesetzt. Sie ermöglicht es Anwendern und IT-Experten, mithilfe von intuitiven Touch-Gesten sehr schnell Prozessmodelle zu erstellen. Mithilfe der nativen Gerätefunktionen der Tablets können Videofilme, Audiosequenzen, Bilder und Dokumente direkt an die Elemente des Prozessmodelles annotiert werden. Zudem können alle Modelle sowohl in BPMN 2.0-valide Prozessmodelle als auch in allgemein verständliche Bilddateien oder Microsoft PowerPoint-Formate zur weiteren Verwendung exportiert werden (Mevius und Wiedmann 2013).

7.4   Handlungs- und Anpassungsfähigkeit

Mit den identifizierten Verbesserungspotentialen für die in der Fallstudie modellierten Verwaltungsprozesse, konnten unterschiedliche Anpassungen an der im Verwaltungsprozess eingesetzten Software vorgenommen werden. Die Anpassungen der eingesetzten Software reduzierten vor allem mögliche Fehlerquellen, welche direkt von den Angestellten der Stadtverwaltung in den jeweiligen an den Elementen annotierten User-Stories genannt wurden.

Durch die agile Modellierung der Prozesse konnte eine vollständig veränderte Grundeinstellung bei den Angestellten der Stadtverwaltung und den Bürgern erreicht werden. Aufgrund des strukturierten Einsatzes der Methode und der proaktiven Integration der Anwender wurde ein «Prozessgedanke» erstmals unmittelbar in der Stadtverwaltung implementiert. Sowohl der Wissensaustausch zwischen Fachabteilung und IT als auch die Kommunikation von möglichen Fehlerquellen und Optimierungspotentialen wird jetzt über und mithilfe der Verwaltungsprozesse vollzogen. So wird beispielsweise bei Optimierungen der operativen Verwaltungsprozesse nicht mehr zwischen IT- und Prozessoptimierungen unterschieden, sondern in ganzheitlichen Prozessverbesserungen der Verwaltungsprozesse gedacht. Die agile Vorgehensweise ist inkrementell und iterativ. Unregelmässige Prozessoptimierungsprojekte werden hiermit durch kontinuierliche Sprints, wie aus der Softwareentwicklung bekannt, abgelöst.

Kritische Faktoren während der Fallstudie waren die grundsätzlichen Rahmenbedingungen. Speziell die Organisation, Struktur und die rechtliche Vorgaben einer Stadtverwaltung mussten einschränkend beachtet werden.

7.5   Ergebnisse, Wissenszuwachs, Perspektiven

Ergebnis des Teilprojektes war ein modellierter Verwaltungsprozess, welcher durch multimediale Annotationen die Sachverhalte in der Fachsprache der Angestellten der Stadtverwaltung und der Alltagssprache der Bürger dokumentiert. Es zeigte sich, wie mithilfe einer implementierten agilen GPM-Vorgehensweise ein Dialog über innovative Prozessoptimierungen zwischen Fach- und IT-Abteilung umgesetzt werden kann. Eine Integration von Bürgern konnte nur über «Repräsentanten» realisiert werden. Auch wenn der Wissensaustausch zwischen der Fachabteilung und den Repräsentanten verbessert und die grundsätzliche Akzeptanz zur Partizipation beider Gruppen gesteigert werden konnte, stellt die Auswahl der Repräsentanten einen zentralen Faktor dar.

Durch die Kombination von intuitiver Modellierung mit multimedial annotierten Verwaltungsprozessen und Tandemmodellierung von Fach- und IT-Abteilung konnte ein signifikant verbesserter Wissenstransfer über Fachtermini hinweg erreicht werden.

7.6   Fazit: Worin steckt die Prozessintelligenz?

Die Fallstudie zeigt, wie intuitiv zugängliche Modellierungssprachen und multimediale Annotation dazu beitragen, Expertenwissen strukturiert zu dokumentieren. Unter Einsatz der agilen GPM-Vorgehensweise konnten Fachanwender mit dieser Art der Prozessmodellierung zum Teil komplexe fachliche Sachverhalte selbst modellieren und dokumentieren. Zudem ermöglichte die Kombination aus anwenderfreundlicher Modellierung und agiler GPM-Vorgehensweise die Implementierung einer Prozessdenkweise. Den Anwendern wird hiermit ermöglicht, ohne detaillierte Kenntnis über die Modellierungssprache oder Modellierungstechniken eige-

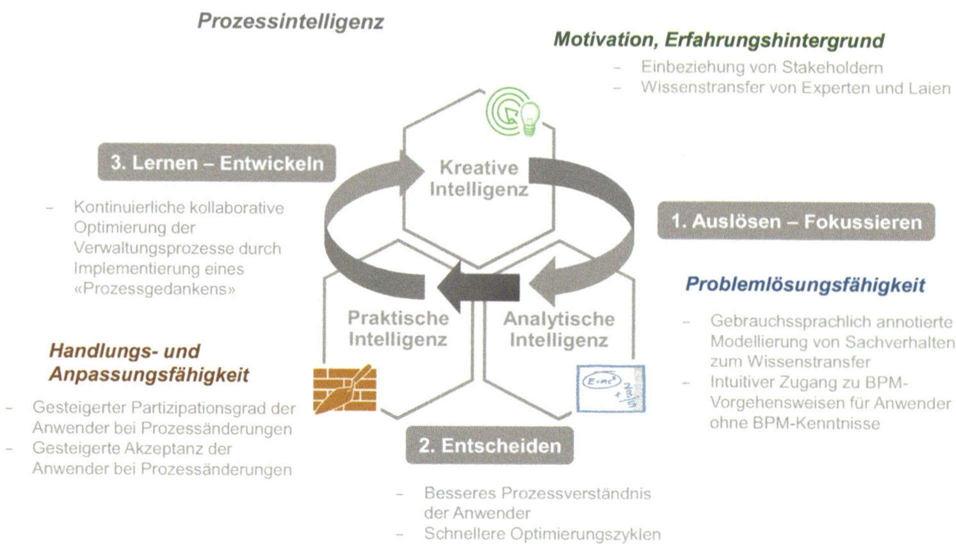

◘ Abb. 7.4   Einbettung der Fallstudie Stadt Konstanz in das Rahmenwerk

ne kreative Lösungen in das GPM einzubringen. Durch die medienbruchfreie Übertragung der Lösungen in standartkonforme Formate können zusätzlich fundierte Analyseverfahren angewandt werden.

◘ Abb. 7.4 illustriert die Einbettung der Fallstudie «Smartes Modellieren für Smart Cities» in das Erfolgsintelligenzframework.

Prozessintelligenz in der Fallstudie zeigt sich im «smarten» Modellieren von Geschäfts- bzw. Verwaltungsprozessen. Ein intuitiver Zugang zur Prozessmodellierung und die multimediale Annotation der Prozesselemente ermöglicht es Fachanwendern, Wissen und Kreativität in den Prozessen zu dokumentieren. Durch den Austausch mit der IT-Abteilung wird der Wissenstransfer auf den technischen Kontext ausgeweitet. Hinzu kommt die geschaffene Transparenz der operativen Tätigkeiten für die strategische Planung. Die Ergebnisse der Prozessanpassungen und Optimierungsvorschläge aus Fach- und IT-Abteilung konnten direkt in die operativen Verwaltungsprozesse übernommen werden.

Literatur

van der Aalst, W., & Hofstede, A. (2003). Business process management: a survey. *Lecture Notes Computer Sciences, 2678*, 1–12.

Jaekel, M., & Bronnert, K. (2013). *Die digitale Evolution moderner Großstädte*. Berlin Heidelberg: Springer.

Mevius, M., & Wiedmann, P. (2013). *BPM(N)easy1.2 – mobile modeling supports agile BPM*

Mevius, M., Ortner, E., & Wiedmann, P. (2013). *Gebrauchssprachliche Modellierung als Grundlage für agiles Geschäftsprozessmanagement*

Mevius, M., Wiedmann, P., & Kurz, F. (2014). Nutzerorientierte Multimedia-Geschäftsprozessmodelle als Basis der Serviceorchestrierung. In A. Schmietendorf & F. Simon (Hrsg.), *BSOA/BCloud* (Bd. 9, S. 49–62).

OMG (2014). Business Process Model and Notation (BPMN) 2.0.2. http://www.omg.org/spec/BPMN/2.0.2/PDF

Thorne, C., & Griffiths, C. (2014). Smart, smarter, smartest: redefining our cities. In R. P. Dameri & C. Rosenthal-Sabroux (Hrsg.), *Smart city – how to create public and economic value with high technology in urban space*. Heidelberg: Springer.

Die quantitative Studie – Status quo «Prozessintelligenz»

Ergebnisse der Umfrage

Denisa Kykalová, Elke Brucker-Kley und Raphael Schertenleib

© Der/die Autor(en) 2018
E. Brucker-Kley et al. (Hrsg.), *Prozessintelligenz*, https://doi.org/10.1007/978-3-662-55705-1_8

Welche Methoden und Werkzeuge werden aktuell in Unternehmen eingesetzt, um die Prozessleistung zu überwachen und die Entscheidungs- und Reaktionsfähigkeit in den Geschäftsprozessen zu erhöhen? Und vor welchem Hintergrund geschieht dies? Diese Fragen standen im Mittelpunkt einer Online-Befragung, die im Rahmen dieser Studie im Frühjahr 2015 durchgeführt wurde.

Ziel der Befragung war es, den Status quo «Prozessintelligenz» in Unternehmen zu erheben und Erkenntnisse zu den Zielsetzungen und aktuell eingesetzten Methoden und Technologien zu gewinnen. Ausgehend vom Rahmenwerk «Prozessintelligenz» und den in ▶ Abschn. 1.2.1 formulierten Hypothesen wurden Forschungsfragen für die drei Fähigkeitsbereiche kreative, analytische und praktische Intelligenz formuliert (◘ Abb. 8.1[1]).

Die Umfrage richtete sich an Unternehmen im deutschsprachigen Raum und wurde mehrheitlich von Teilnehmenden aus Unternehmen mit Tätigkeitsschwerpunkt in der Schweiz (89 %) beantwortet[2]. 82 Personen aus unterschiedlichen Funktionsbereichen und aus Unternehmen unterschiedlicher Branchen haben sich an der Online-Umfrage beteiligt und haben dazu beigetragen, den Status quo «Prozessintelligenz» in Unternehmen zu erheben. Rund ein Viertel der Befragten sind Mitglieder der Geschäftsleitung oder des Verwaltungsrats, insgesamt üben mehr als 60 % der Befragten eine Führungsfunktion aus. Hinzu kommen Projektverantwortliche sowie Fachspezialisten, Entwickler und Business-Analysten. Mehr als 70 % der Befragten geben an, eine spezifische Prozessmanagement-Funktion (z. B. Prozessverantwortlicher/-eigner/-manager, Chief Process Officer oder BPM-Leitung) wahrzunehmen, so dass von einem fundierten Fach- und Erfahrungswissen bei der Beantwortung der Fragen ausgegangen werden kann. Der Blick auf die Grössenstruktur der Unternehmen zeigt ein ausgewogenes Bild: 54 % der Befragten kommen aus Unternehmen mit 500 oder mehr Mitarbeitenden, 46 % aus Unternehmen mit weniger als 500 Mitarbeitenden.

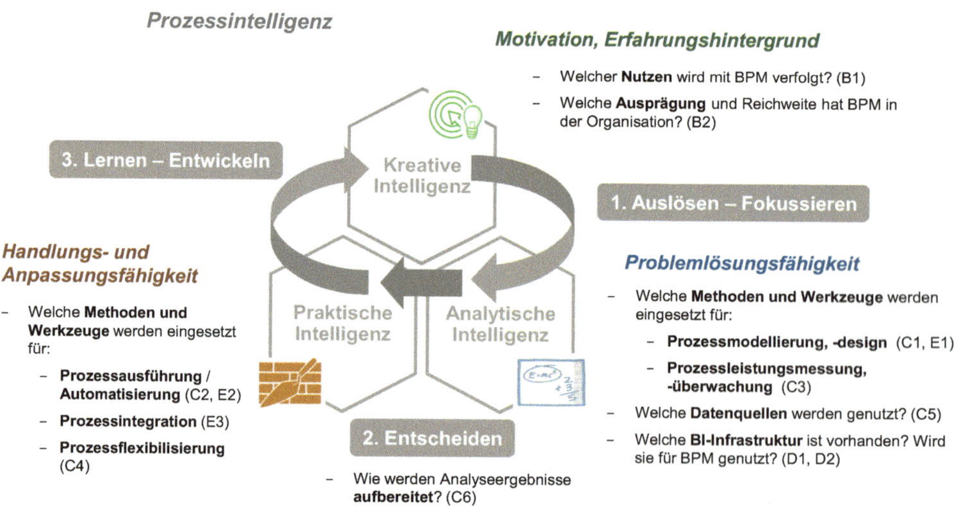

◘ **Abb. 8.1** Forschungsfragen und Auswertungsrahmen der Online-Befragung

---

[1] A1–E3 bezieht sich auf die Rubriken des Fragenkatalogs (siehe ▶ Kap. 10, Anhang).
[2] Die vollständigen Daten zur Zusammensetzung des Teilnehmerkreises der Online-Befragung sowie der Fragenkatalog finden sich in ▶ Kap. 10 (Anhang) der Studie. Das Studiendesign sowie die Forschungsfragen und Hypothesen sind in ▶ Abschn. 1.2 beschrieben.

8.1 Strategische Intelligenz – Motivation

Prozesse zu modellieren, analysieren und automatisieren ist kein Selbstzweck. Unternehmen tun dies, um Geschäftsziele effektiver und effizienter realisieren zu können. Die Studie geht von der Hypothese aus, dass die Art und Weise, wie Unternehmen ihre analytischen und praktischen Fähigkeiten ausgestalten, in hohem Masse von den strategischen und operativen Zielen abhängt. Diese Prämissen werden herangezogen, um die Business Cases einzelner Projekte zu prüfen und das unternehmensweite Prozessmanagement – falls vorhanden – strategisch auszurichten.

Die Frage nach dem Nutzen, den Unternehmen mit dem Management von Geschäftsprozessmanagement verfolgen, ergibt ein gewohntes Bild (☐ Abb. 8.2). Wie bereits in der letztjährigen BPM-Studie (Brucker-Kley et al. 2014) ist Effizienzsteigerung die am häufigsten genannte Motivation für das Prozessmanagement (61 %), gefolgt von Kundenorientierung (49 %) und Transparenz (38 %). Effizienz scheint für das Prozessmanagement in grossen Unternehmen wichtiger zu sein als für Unternehmen mit weniger als 500 Mitarbeitenden. Eine detailliertere Analyse nach Unternehmensgrösse zeigt, dass bei den kleineren und mittleren Unternehmen,

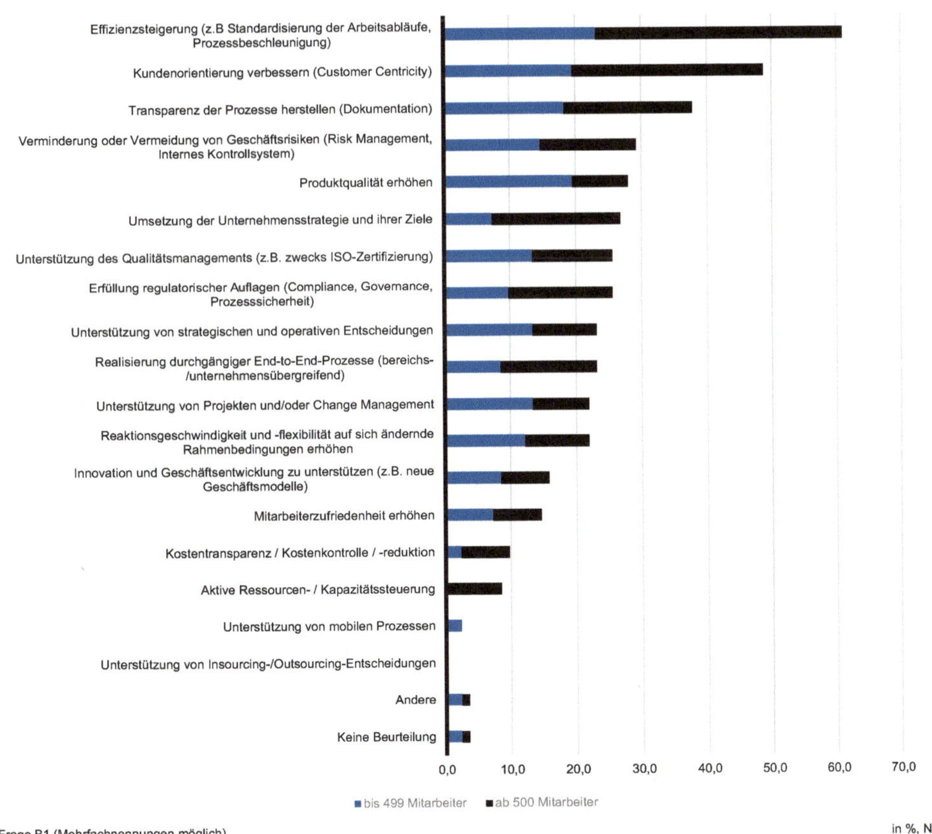

☐ **Abb. 8.2** Welchen Nutzen verfolgt ihre Organisation mit BPM?

das heisst bei Unternehmen mit 1 bis 249 Mitarbeitenden (N = 33), Effizienzsteigerung bei 45 % als Nutzenziel für BPM genannt wurde, wohingegen 71 % der Unternehmen mit mehr als 250 Mitarbeitenden (N = 49) ihre Effizienz mit BPM erhöhen wollen. Produktqualität ist bei den KMU mit 39 % als Motivation für das Prozessmanagement fast genauso wichtig wie Effizienz (versus 20 % bei Unternehmen >250 Mitarbeitende).

Mit Effizienz und Kundenorientierung stehen aber auch zwei Motivationen an der Spitze, die das Prozessmanagement sowohl analytisch als auch praktisch, das heisst im Hinblick auf die effektive Prozessausführung, fordern. **Effizienzsteigerung** setzt voraus:

- die Prozesse und ihre Ziele und Leistungsparameter zu verstehen (Prozessanalyse, Simulation, Process Mining) und die Prozesse dementsprechend zu gestalten (Prozess(re)design, Prozessmodellierung).
- die operative Prozessausführung zu überwachen, um die Prozessleistung zu messen, die Konformität der Prozesse (Ist/Soll) sicherzustellen und Optimierungsmassnahmen abzuleiten
- Standardisierungs- und Automatisierungspotenziale auszuschöpfen.

Kundenorientierung muss sich niederschlagen:

- im Prozessdesign, konkret in einer konsequenten End-to-End-Orientierung der Prozesse von den Kundenbedürfnissen bis zu deren Erfüllung.
- in einer flexiblen Prozessausführung, die sich ad hoc oder auf der Grundlage vordefinierter Regeln an den Kundenkontext anpasst.

Ob die befragten Unternehmen tatsächlich Methoden und Werkzeuge einsetzen, die diesen Anforderungen gerecht werden, ist Gegenstand der Auswertungen in ▶ Abschn. 8.2 (analytische Intelligenz) und ▶ Abschn. 8.3 (praktische Intelligenz). Methoden und Werkzeuge sind aber nicht die einzigen Hebel des Prozessmanagements. Die strategische Ausrichtung und der Wandel in Richtung einer prozessorientierten Organisation sind gleichermassen wichtig für ein ganzheitliches und wirksames Geschäftsprozessmanagement (◘ Abb. 8.3).

GESTALTUNGSEBENEN UND ENTWICKLUNGSSTUFEN EINES GANZHEITLICHEN BPM

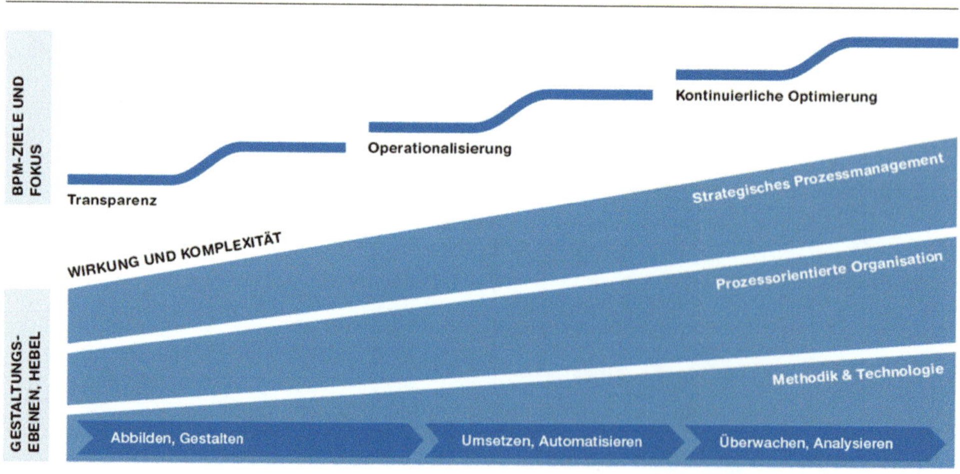

◘ **Abb. 8.3** Gestaltungsebenen und Entwicklungsstufen eines ganzheitlichen BPM. (Quelle: Brucker-Kley et al. (2014))

AUSPRÄGUNG UND VERANKERUNG DES PROZESSMANAGEMENTS IN DER ORGANISATION

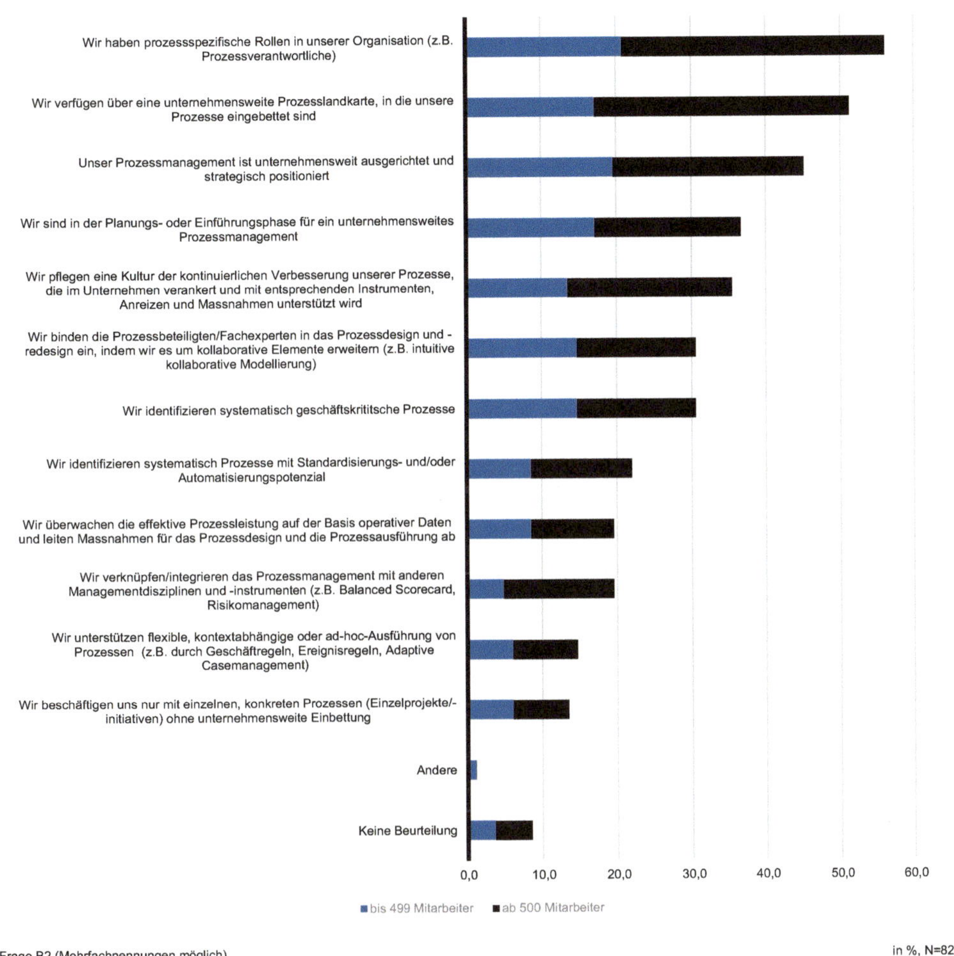

Abb. 8.4 Ausprägung und Verankerung des Prozessmanagements

Die Frage nach der Ausprägung und Verankerung des Prozessmanagement sollte klären, auf welchen Entwicklungsstufen sich die befragten Unternehmen bewegen (Abb. 8.4).

Mehr als die Hälfte der Unternehmen haben prozessspezifische Rollen eingeführt und verfügen über eine unternehmensweite Prozesslandkarte, wobei diese Massnahmen bei den grossen Unternehmen etwas stärker ausgeprägt sind. Transparenz, das als drittwichtigstes Nutzenziel des Geschäftsprozessmanagements genannt wurde, scheint also für die Mehrzahl der Befragten zumindest in diesem Punkt bereits realisiert.

45 % vertreten die Ansicht, das Prozessmanagement in ihrer Organisation sei unternehmensweit ausgerichtet und strategisch positioniert, was auf eine hohe Maturität oder zumindest auf einen hohen Anspruch schliessen lässt. Mehr als ein Drittel der befragten Unternehmen befinden sich allerdings noch in der Planungs- und Einführungsphase für ein unternehmensweites Prozessmanagement. Diese Aussage in Kombination mit den drei meistgenannten

Aussagen zur Ausprägung (Prozessrollen, Prozesslandkarte, unternehmensweite Ausrichtung), deutet für die Mehrzahl der Befragten auf ein typisches top-down-Vorgehen hin, das initial den Schwerpunkt auf die Schaffung von Transparenz, die organisatorische Verankerung und die strategische Ausrichtung des Prozessmanagements legt. Letztere zeigt sich darin, dass 30 % der Unternehmen systematisch erfolgskritische Prozesse identifiziert. Mehr als 30 % der Befragten geben an, im Unternehmen eine Kultur der kontinuierlichen Verbesserung der Prozesse zu pflegen.

Mit Blick auf die beiden höchstpriorisierten Nutzenziele des Prozessmanagements, Effizienz und Kundenorientierung, ergeben sich hingegen Diskrepanzen. Kaum mehr als 20 % identifizieren systematisch Standardisierungs- und Automatisierungspotenzial. Weniger als 20 % überwachen die Prozessleistung. Auch die Unterstützung der flexiblen Prozessausführung, die die Kundenorientierung unterstützen könnte, wird nur von 15 % der Befragten bestätigt.

8.2   Analytische Intelligenz – Problemlösungsfähigkeit

Prozessanalyse ist eine Kerndisziplin des Prozessmanagements. Den Ist-Zustand von Prozessen zu erheben und zu modellieren ist aber nur eine von vielen analytischen Fähigkeiten, die das Prozessmanagement bereitstellen kann. Soll das Prozessmanagement einen Beitrag zur Effizienzsteigerung leisten, muss es in der Lage sein, die Prozessleistung zu überwachen und die Ergebnisse entscheidungsunterstützend aufzubereiten. Die Verfügbarkeit von operativen Prozessdaten spielt in diesem Zusammenhang eine zentrale Rolle.

Modellierung schafft nicht nur Transparenz, sondern auch wesentliche Voraussetzungen für die Umsetzung, Simulation, Automatisierung und Optimierung von Prozessen. Mehr als 85 % der befragten Unternehmen modellieren Prozesse und 46 % tun dies sogar unternehmensweit einheitlich (◘ Abb. 8.5). Der Blick auf die Unternehmensgrösse bei den 39 %, die uneinheitlich modellieren, zeigt, dass die Vielfalt der Modellierung bei grossen Unternehmen höher ist. Der Anteil der Unternehmen, die keine Prozesse modellieren, liegt bei unter 10 %, wobei es sich hier hauptsächlich um Unternehmen mit weniger als 500 Mitarbeitenden handelt.

Bei mehr als der Hälfte der Unternehmen werden reine Zeichnungswerkzeuge wie Visio und PowerPoint eingesetzt (◘ Abb. 8.6). Das schafft Transparenz, mindert aber die Einsetzbarkeit der Modellierungsresultate für Analyse und Automatisierungszwecke. Deutlich weniger und vorwiegend grosse Unternehmen setzen ein datenbankbasiertes graphisches Modellierungswerkzeug (28 %) oder eine umfassendere BPM-Suite (23 %) ein, die den gesamten Le-

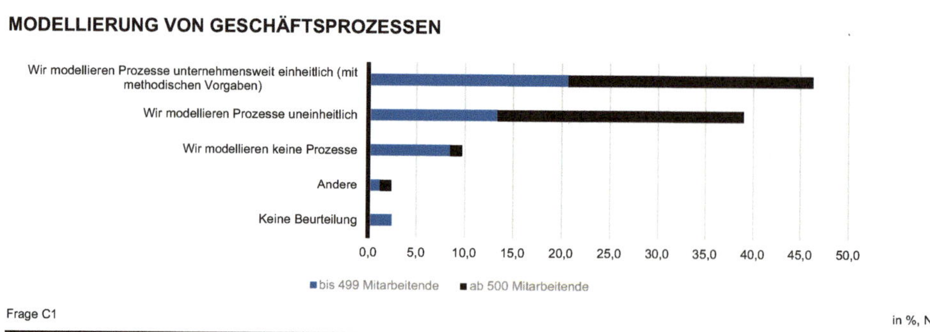

◘ Abb. 8.5   Modellierung von Geschäftsprozessen

MODELLIERUNGSWERKZEUGE

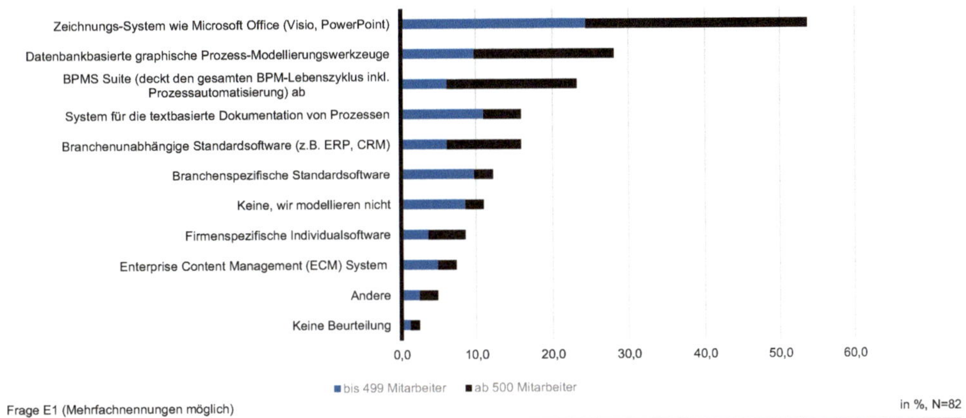

�‌ Abb. 8.6 Modellierungswerkzeuge

benszyklus von der Modellierung bis hin zu Automatisierung und Überwachung der Prozesse abdeckt.

Um das Prozessmanagement nicht nur zu Transparenzzwecken, sondern auch als Effizienzhebel einsetzen zu können, gilt es die Prozessleistung zu überwachen (�‌ Abb. 8.7). Auch hier zeigt sich ein Umsetzungsdelta. Obwohl mehr als 60 % angeben, die Effizienz der Prozesse steigern zu wollen, setzen 28 % der Befragten – insbesondere aus Unternehmen mit weniger als 500 Mitarbeitenden – überhaupt keine Methoden zur Überwachung der Prozessleistung ein. Die Zurückhaltung der kleineren Unternehmen bei der Prozessüberwachung könnte mit der geringeren Relevanz der Effizienzsteigerung für das Prozessmanagement zu tun haben (45 % bei KMU 1-249 Mitarbeitende, versus 71 % bei grossen Unternehmen, siehe ▶ Abschn. 8.1).

Wenn die befragten Unternehmen die Prozessleistung überwachen, dann hauptsächlich durch Hinterlegung von Kennzahlen in Prozessmodellen (37 %), wodurch die Grundlage zur Messung der Prozessleistung geschaffen, diese aber nicht zwangsläufig real gemessen wird.

Wenn es um die reale Messung der Prozessleistung unter Ausnutzung operativer Daten geht, sind grosse Unternehmen eindeutig besser positioniert, wobei vorwiegend mit historischen Log-Daten aus operativen Systemen und Datenspeichern gearbeitet wird (22 %). Operative Daten aus einer Prozess- oder Workflow-Engine nutzen nur 15 % der Befragten, obwohl 30 % angeben über eine solche Engine zu verfügen (siehe ▶ Abschn. 8.3, ◌ Abb. 8.12).

Prozessüberwachung mit Echtzeitdaten (Business Instanz Monitoring, Business Activity Monitoring) sind bei Befragten noch Randerscheinungen (12 % bzw. 9 %), ebenso Simulation und Process Mining (<10 %).

Auch Operational-Excellence-Methoden wie Lean Six Sigma und Wertstromanalysen sind nur begrenzt im Einsatz und wenn, dann vorwiegend bei grossen Unternehmen.

Dass die Nutzung operativer Daten für die Prozessleistungsmessung in den Unternehmen noch nicht zum Alltag gehört, bestätigt auch die Frage nach den Quellen dieser Daten (◌ Abb. 8.8). 42 % der befragten Unternehmen geben an, keine operativen Daten für die Prozessleistungsmessung zu nutzen. Abzüglich der Befragten, die die Frage der Datennutzung nicht beurteilen können, verbleiben 50 % aller Befragten, die operative Daten nutzen, um die Prozessausführung zu analysieren. Wenn sie Daten nutzen, dann stammen diese hauptsächlich

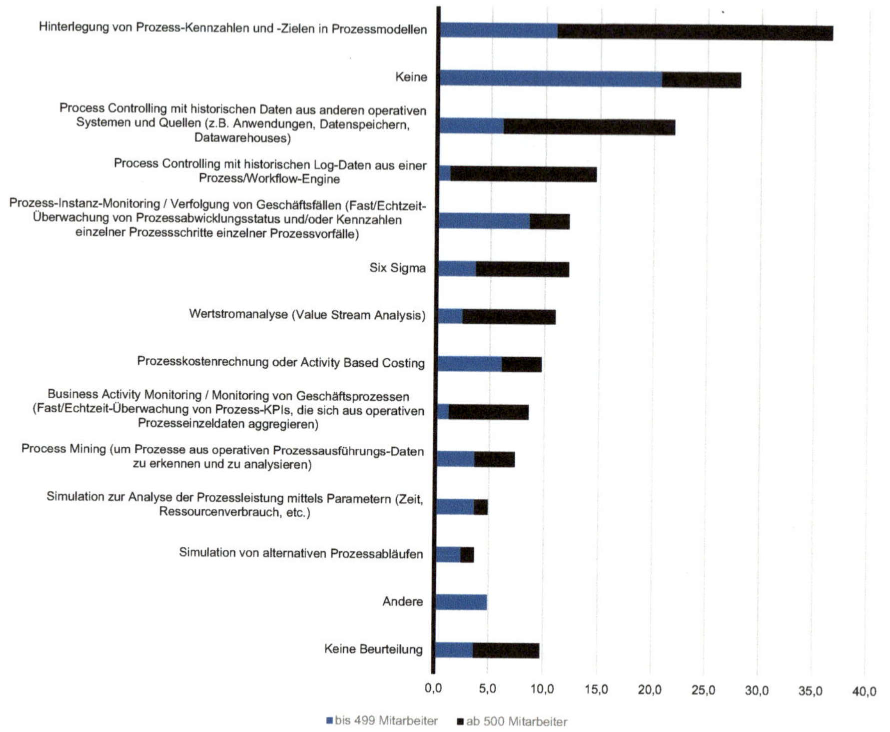

▣ Abb. 8.7 Methoden, um die Prozessleistung und Konformität zu überwachen

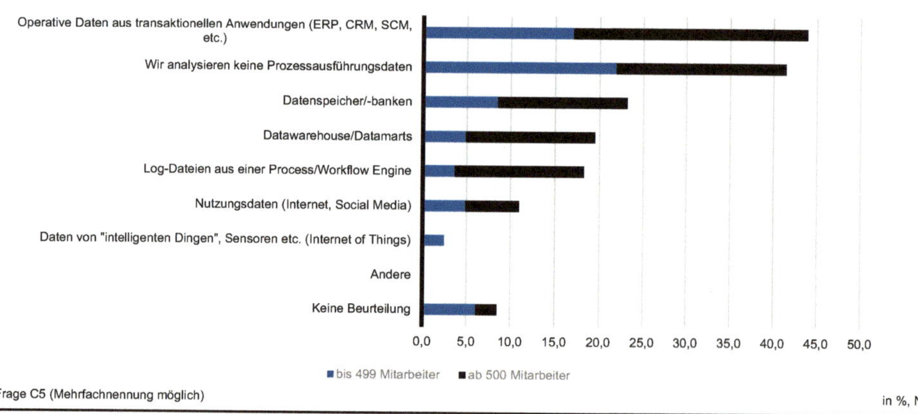

▣ Abb. 8.8 Datenquellen für die Analyse der Prozessausführung

AUFBEREITUNG UND DARSTELLUNG DER ERGEBNISSE DER PROZESSLEISTUNGSMESSUNG

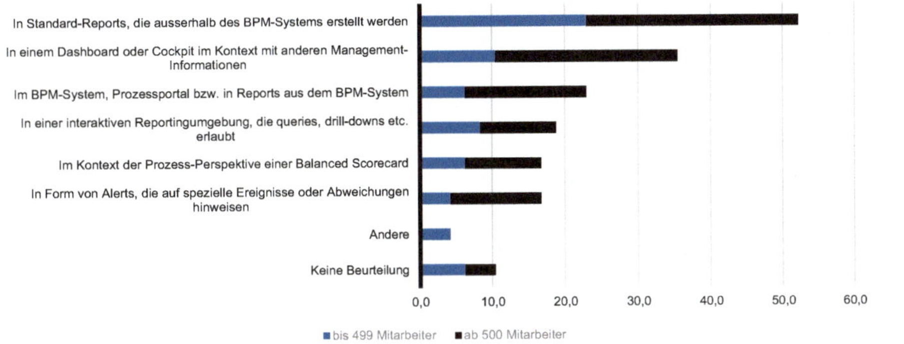

Abb. 8.9 Aufbereitung und Darstellung der Ergebnisse der Prozessleistungsmessung

VORHANDENE BUSINESS-INTELLIGENCE-INFRASTRUKTUR

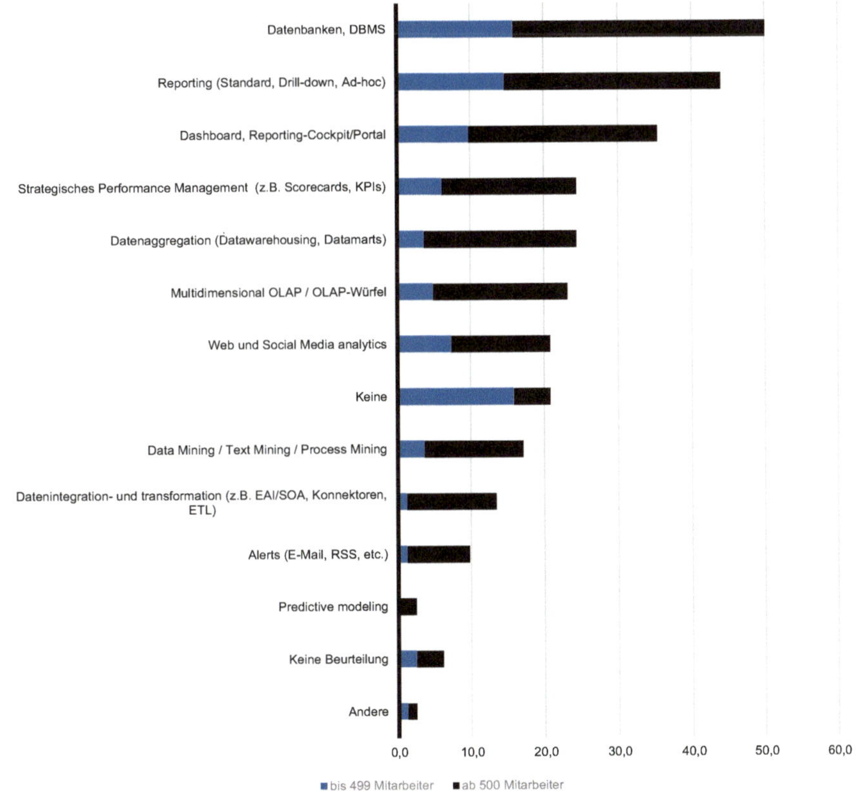

Abb. 8.10 Vorhandene Business-Intelligence-Infrastruktur

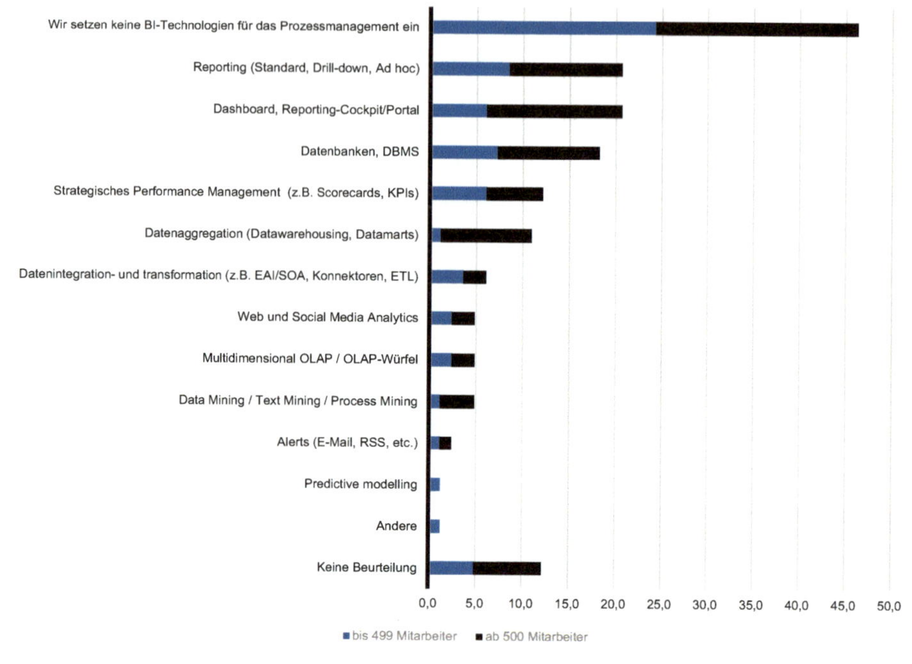

Abb. 8.11 Nutzung der BI-Infrastruktur für das Prozessmanagement

direkt aus Business-Applikationen (44 %) oder in aggregierter Form aus Datenbanken (23 %) sowie aus Datawarehouses/Datamarts (20 %), wobei letztere vorrangig bei grossen Unternehmen im Einsatz sind. Big-Data-Quellen, wie Sensoren oder Nutzungsdaten aus dem Internet und aus Social Media, sind für die Prozessanalyse bei den befragten Unternehmen noch wenig relevant.

Von den Befragten, die operative Prozessdaten für die Prozessleistungsmessung nutzen, werten 52 % die Ergebnisse dieser Analysen in Standard-Reports ausserhalb eines BPM-Systems aus (Abb. 8.9). Bei immerhin mehr als 35 % werden prozessbezogene Kennzahlen in einem Dashboard oder Cockpit mit anderen Managementinformationen gemeinsam aufbereitet. Die Ergebnisse der Prozessleistungsmessung können somit in strategische Entscheide einfliessen. Dies bestätigt die hohe Selbsteinschätzung der Teilnehmer in Bezug auf die strategische Ausrichtung ihres Prozessmanagements. Die Integration mit einer Balanced Scorecard findet hingegen kaum statt (16 %). Auch Alerts, wie man sie aus dem Business Activity Monitoring kennt und die sehr schnelle Reaktionen auf Ereignisse in der Prozessausführung ermöglichen können, sind noch schwach ausgeprägt (16,7 %).

Mit Reporting-Werkzeugen und Dashboards sind bereits Elemente einer Business-Intelligence (BI)-Infrastruktur für das Prozessmanagement im Einsatz, wobei dies noch keine Aussage über die Mächtigkeit dieser Instrumente zulässt (Excel etc.). Aber welche weiteren Voraussetzungen sind in den Unternehmen gegeben, um operative Daten für das Prozessmanagement zu aggregieren und zu analysieren (Abb. 8.10)? Die geläufigsten BI-Instrumente sind Datenbanken für die Aggregation (50 %) sowie Reporting (44 %) und Dashbords (35 %) für die

Präsentation von geschäftsrelevanten Informationen. Rund 20 % der Befragten verfügen über keine BI-Infrastruktur. Die Unternehmensgrösse hat einen klaren Einfluss auf das Vorhandensein einer BI-Infrastruktur. Rund ein Drittel der befragten Unternehmen mit weniger als 500 Mitarbeitenden haben keine BI-Infrastruktur. Mächtigere und investitionsträchtigere Instrumente wie Datawarehousing (24 %), Data Mining (17 %) sowie komplexere Datenintegrations- und Datentransformationsmechanismen (13 %) sind bei kleineren Unternehmen deutlich weniger präsent.

Doch wird diese Infrastruktur auch für das Prozessmanagement genutzt? Die Studie geht von der Hypothese aus, dass der kombinierte Einsatz von Methoden und Werkzeugen aus der BPM- und der BI-Welt grosses Nutzenpotenzial birgt. Die Umfrageergebnisse (◘ Abb. 8.11) zeigen jedoch, dass fast die Hälfte der Befragten (46 %) keine BI-Technologien für das Prozessmanagement einsetzt. Entweder, weil sie über gar keine BI-Infrastruktur verfügt (20 %), oder weil eine Vielzahl der Instrumente schlichtweg nicht für die Analyse und Steuerung der Prozessleistung eingesetzt wird. Die Hypothese, dass grosse Unternehmen hier schon einen Schritt voraus sind, bestätigt sich nicht eindeutig. Die Nutzung von Dashboards und insbesondere Datawarehouses für Prozessmanagement ist zwar bei grossen Unternehmen ausgeprägter, aber gesamthaft kaum relevant. Dieses Ergebnis stützt die Eingangshypothese, dass Firmen die Synergiepotenziale von BPM und BI nicht ausnutzen.

8.3 Praktische Intelligenz – Handlungs- und Anpassungsfähigkeit

Schaffen Unternehmen den Sprung von der Transparenz der Prozessstrukturen und Prozessleistung zur Operationalisierung? Wie stellen Unternehmen sicher, dass Prozesse nicht nur modelliert und analysiert, sondern auch deren reale Ausführung verändert wird? Automatisierung und Flexibilisierung der Prozessausführung sind wirksame Hebel, um die hochpriorisierten Ziele des Prozessmanagements, Effizienz und Kundenorientierung, zu erreichen. Welche Methoden und Werkzeuge setzten Unternehmen hierfür bereits ein?

Die Hinterlegung von Hilfsmitteln wie Arbeitsanweisungen und Dokumentenvorlagen in Prozessmodellen ist bei den Befragten die verbreitetste Massnahme, um die Prozessausführung zu unterstützen (68 %, ◘ Abb. 8.12). Diese Form der Unterstützung ist sicher wirksam, um den Soll-Zustand eines Prozesses inklusive seiner Ziele, Kennzahlen, Rollen und Geschäftsobjekte transparent zu machen, neue Mitarbeitende einzuarbeiten oder die Verwendung aktuellster Vorlagen und Hilfsmittel sicherzustellen. Optimiert wird dieses Verfahren, wenn das Prozessdokumentationswerkzeug erlaubt, die hinterlegten IT-Systeme so zu verlinken, dass sie aus dem Modell aufgerufen werden können, was bei nur 17 % der Befragten der Fall ist. Beide Varianten setzen aber voraus, dass die Prozessverantwortlichen und -beteiligten auch mit den Prozessmodellen arbeiten und deren Aktualität und Relevanz sicherstellen. Geschäftsapplikationen, die die Prozessausführung unterstützen, haben einen direkteren Einfluss. Allerdings sind diese häufig isoliert, das heisst, um einen Prozess oder eine Sequenz von Aktivitäten durchführen zu können, müssen Prozessbeteiligte häufig mehrere Applikationen nutzen (z. B. ein Call-Center-Mitarbeiter, der einen Servicetermin vereinbart, sucht die Kundenadresse in einem CRM-System, Wartungsinformationen in einem Vertragsmanagementsystem etc.). Um solche Prozesse durchgängig zu automatisieren, können verschiedene Verfahren und Werkzeuge zum Einsatz kommen. Bei den Befragten werden am häufigsten IT-Systeme integriert (43 %), das heisst, die verschiedenen Applikationen, Datenquellen und Informationsflüsse werden über Schnittstellen oder sonstige Integrationsmechanismen verbunden und die Nutzer werden über graphische Oberflächen in den Prozess eingebunden, ohne sich über die dahin-

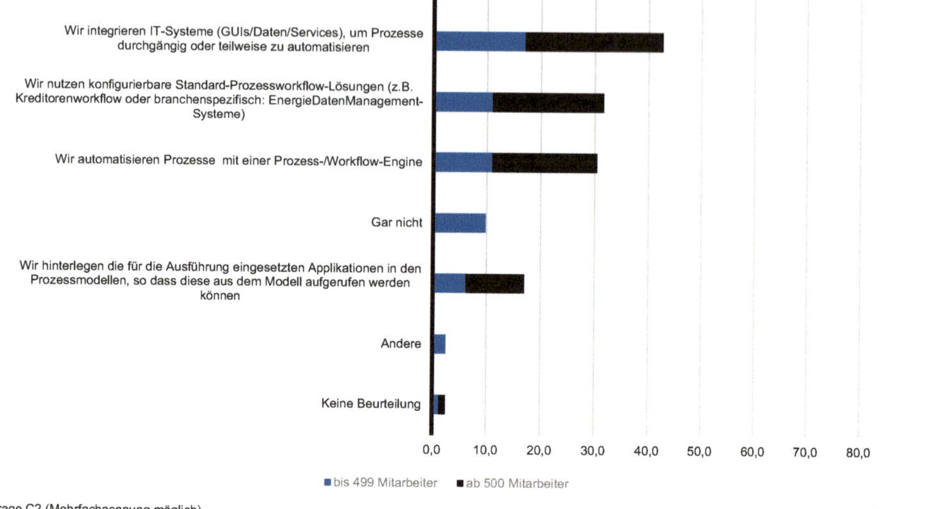

■ Abb. 8.12 Unterstützung der Prozessausführung

terliegende System-Komplexität Gedanken machen zu müssen. Eine Variante zur Systemintegration ist der Einsatz einer Prozess-Engine, die die Implementierung ausführbarer Workflows unterstützt. Eine Prozess-/Workflow-Engine ist bei 30 % der Befragten im Einsatz. Konfigurierbare Standard-Workflow-Lösungen, die bestimmte Prozesse branchenübergreifend (z. B. Kreditorenworkflow) oder branchenspezifisch (z. B. Energiedatenmanagement) implementieren, werden von 32 % der befragten Unternehmen genutzt. Nur 10 % der Befragten, ausschliesslich aus Unternehmen mit weniger als 500 Mitarbeitenden, geben an, die Prozessausführung in keiner Weise zu unterstützen.

Die Frage nach dem Werkzeugeinsatz (■ Abb. 8.13) bestätigt in erster Linie, dass viele der befragten Unternehmen (39 %) nicht automatisieren. Wenn sie dies tun, dann in erster Linie mithilfe von ERP-Systemen (27 %). 22 % der Befragten nutzen Worfklow-Management-Systeme, die primär für human- und dokumentenzentrische Prozesse eingesetzt werden. Dieser Systemtyp ist nicht immer eindeutig abgrenzbar von BPM-Suiten, die den gesamten Lebenszyklus von der fachlichen und technischen Modellierung der Prozesse bis hin zur Automatisierung (Human- und Maschineaktivitäten) und Prozessüberwachung unterstützen. BPM-Suiten sind bei 20 % der befragten Unternehmen im Einsatz. Nur 7 % der befragten Unternehmen nutzen Enterprise Application Integration (EAI), obwohl die Integration von IT-Systemen als wichtigste Form der IT-gestützten Prozessausführung genannt wird.

Die technischen Integrationsfähigkeiten eines Unternehmens spielen also eine wichtige Rolle für die Unterstützung der Prozessausführung, insbesondere dann, wenn keine Prozess-, oder Workflow-Engine für die Prozessintegration im Einsatz ist. Doch diese Voraussetzungen sind bei vielen der befragten Unternehmen nicht gegeben (■ Abb. 8.14). 37 % der Befragten gaben an, über keine Infrastruktur für die Integration oder Orchestrierung von Daten, Services oder Prozessen zu verfügen. Das Fehlen einer modernen und flexiblen Integrationsinfrastruk-

WERKZEUGEINSATZ FÜR DIE PROZESSAUTOMATISIERUNG

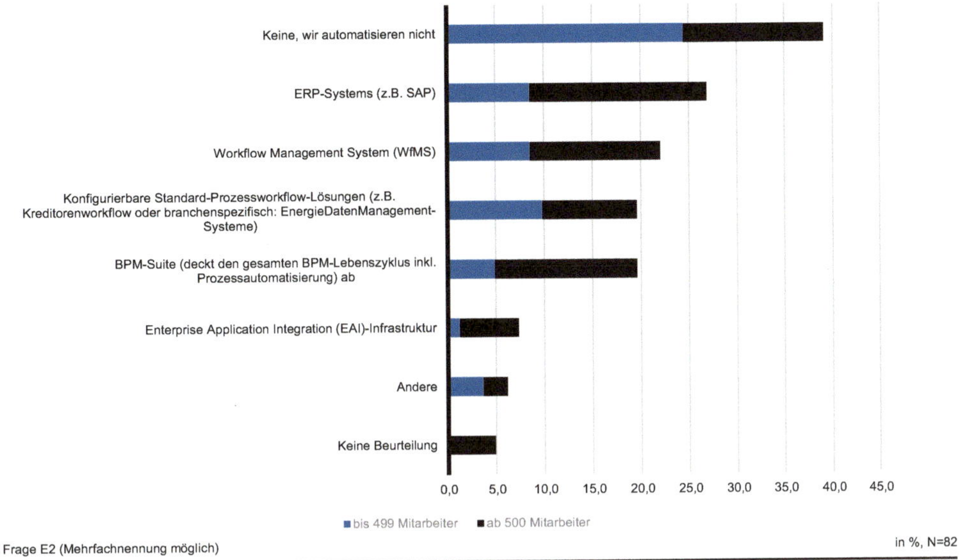

◘ Abb. 8.13 Werkzeugeinsatz für die Prozessautomatisierung

tur wirkt sich nicht nur auf die IT-Unterstützung der Prozessausführung, sondern auch auf die analytischen Möglichkeiten aus; die Verfügbarkeit aktueller operativer Daten oder gar Echtzeitdaten für die Prozessüberwachung und Prozessleistungsmessung hängt in hohem Masse von der Existenz einer solchen Integrationsinfrastruktur ab. Fehlt sie, bleibt die Beschaffung von operativen Daten für die Prozessleistungsmessung häufig auf Exports aus operativen Systemen beschränkt. Dies erklärt die starke Verbreitung von Prozessleistungsmessungen auf der Grundlage von historischen Log-Daten und die geringe Verbreitung der Echtzeit-Prozessüberwachung (siehe ◘ Abb. 8.7; ▶ Abschn. 8.2).

Zu den 37 % der Befragten, die angeben, über keine Integrationsinfrastruktur zu verfügen, kommen 15 % hinzu, die nicht beurteilen können, ob ihre Organisation über eine solche Integrationsinfrastruktur verfügt. Zusammengenommen legt dies den Schluss nahe, dass das Thema Enterprise Architecture bei der Mehrheit der befragten Unternehmen noch nicht adressiert oder zumindest nicht in Zusammenhang mit dem Geschäftsprozessmanagement betrachtet wird. Dementsprechend wenig zu finden sind unternehmensweit ausgerichtete Integrationsplattformen. Dies wurde bereits aus dem sehr geringen Einsatz von EAI für die Prozessausführung deutlich (7 %, siehe ◘ Abb. 8.13). Über einen Enterprise Service Bus, der als Rückgrat einer Service-orientierten Architektur dient, verfügen nur 9 % der befragten Unternehmen (◘ Abb. 8.14). Diese sind überwiegend grosse Unternehmen mit mehr als 500 Mitarbeitenden. Auch Vorläufertechnologien wie Message-orientierte Middleware (MOM) und Object Request Broker (ORB) sind kaum zu finden. Wenn integriert wird, dann mit Standardkonnektoren (31 %) oder eigenentwickelten Schnittstellen (33 %). Letztere wirken sich mit grosser Wahrscheinlichkeit auf die Implementierungszeiten für IT-gestützte Prozesse aus.

Das Fehlen unternehmensweiter und service-orientierter Integrationsmechanismen hat Einfluss auf die Flexibilisierung von Prozessen. Den Prozessverlauf situationsgerecht und gegebenenfalls ad hoc zu gestalten, setzt voraus, dass Daten über den Kontext verfügbar sind.

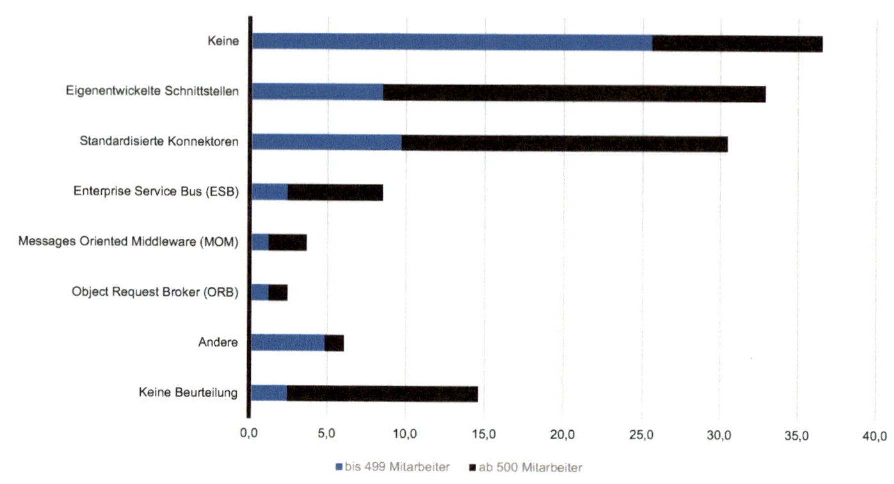

◘ Abb. 8.14   Genutzte Infrastruktur für die Integration von Daten, Services, Prozessen

Auch Daten aus abgeschlossenen Geschäftsfällen beziehungsweise Prozessinstanzen können notwendig sein, um über den Verlauf einer aktuellen Prozessinstanz zu entscheiden. Um dies tun zu können, braucht es jedoch nicht nur Daten, sondern auch Methoden, die solche Reaktionsmöglichkeiten in Prozessen eröffnen. Diese Methoden gehören noch nicht zum Standardrepertoire des Prozessmanagements, was sich in den Befragungsresultaten widerspiegelt (◘ Abb. 8.15).

39 % der Befragten setzen keine Methoden ein, um die Flexibilität ihrer Prozesse zu erhöhen. Geschäftsregeln sind am meisten verbreitet, bei 31 % der Befragten im Einsatz und dies durchaus nicht nur in grossen Unternehmen. Geschäftsregeln, implementiert über eine Business Rules Engine, BPM-Suite oder individuell programmiert, sind ein sehr gut geeignetes Mittel, die Flexibilität der Prozesse zu erhöhen. Sie ermöglichen, Geschäfts- und Entscheidungslogik getrennt vom eigentlichen Prozess zu verwalten. Auf diese Weise können Veränderungen wie beispielsweise neue Produkte, Tarife oder Kundengruppen, in den Geschäftsregeln zentral geändert werden, ohne die davon betroffenen Prozesse verändern zu müssen.

Auch agile Methoden spielen eine Rolle in der Flexibilisierung von Prozessen, indem sie es ermöglichen, fachanwendernah Prozesse intuitiv zu modellieren und laufend anzupassen. Allerdings nutzen erst 23 % der befragten Unternehmen agile Methoden für das Prozessmanagement.

Auf Wissensbasen, um Entscheide in der Prozessausführung zu unterstützen, wird bei immerhin 21 % der Befragten zurückgegriffen. Adaptive Case Management (5 %) und prädiktive selbstlernende Methoden (9 %), die auf der Grundlage von Erfahrungsdaten aus vergangenen Prozessdurchläufen Empfehlungen oder Wahrscheinlichkeiten für Entscheidungen in einem laufenden Prozess bereitstellen, sind noch wenig verbreitet. Das heisst, vordefinierte Mechanismen wie Geschäftsregeln sind deutlich stärker verbreitet als selbstlernende Methoden, die auf einen Feedback-Loop mit der realen Prozessausführung angewiesen sind.

EINGESETZTE METHODEN FÜR FLEXIBILITÄT UND KONTEXTSENSITIVITÄT VON PROZESSEN

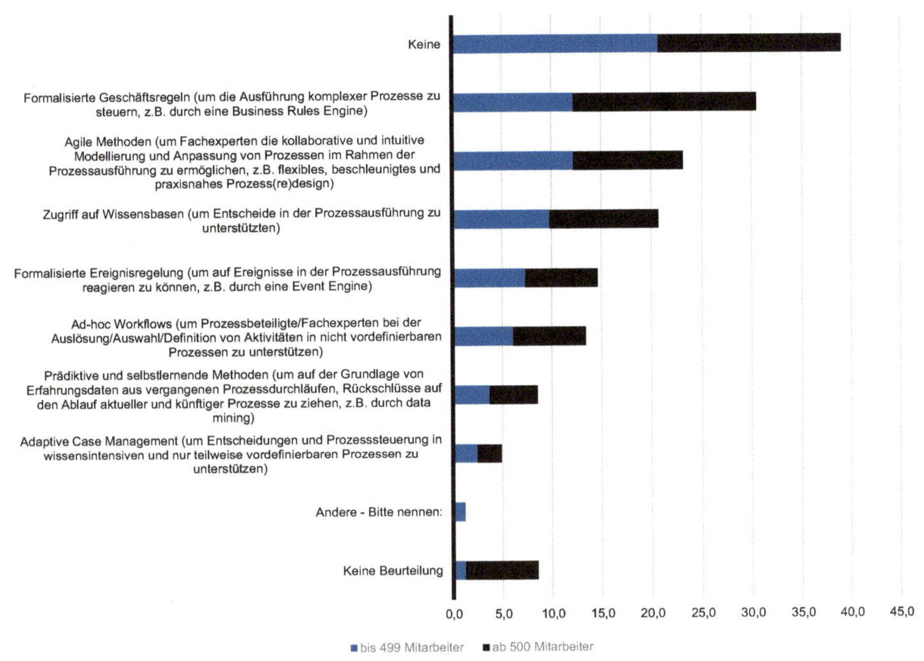

Abb. 8.15 Methodeneinsatz für Flexibilität und Kontextsensitivität von Prozessen

Literatur

Brucker-Kley, E., Kykalova, D., Pedron, C., Luternauer, T., & Keller, T. (2014). *Business Process Management 2014: Status-quo und Perspektiven eines ganzheitlichen Geschäftsprozessmanagement*. Zürich: vdf Hochschulverlag.

Zusammenfassung der Ergebnisse

Fazit

Elke Brucker-Kley, Denisa Kykalová und Thomas Keller

© Der/die Autor(en) 2018
E. Brucker-Kley et al. (Hrsg.), *Prozessintelligenz*, https://doi.org/10.1007/978-3-662-55705-1_9

Ziel der quantitativen Online-Befragung war es, einen Eindruck über den Status quo «Prozessintelligenz» in Unternehmen zu gewinnen. Ausgehend von möglichen Treibern und Lösungselementen für analytische und praktische Prozessintelligenz wurde der Stand des Methoden- und Werkzeugeinsatzes erhoben. Das Resultat ist eine Momentaufnahme der kreativen, analytischen und praktischen Fähigkeiten, mit denen die befragten Organisationen ihre Geschäftsprozesse gestalten, ausführen, überwachen und fortlaufend weiterentwickeln.

9.1 Status quo «Prozessintelligenz»: Fazit aus der Online-Befragung

Die Ergebnisse zeigen viel Licht, aber auch noch Schatten auf dem Weg zur Prozessintelligenz. Die wesentlichen Ergebnisse der Umfrage zum Status quo der kreativen, analytischen und praktischen Fähigkeiten sind in Abb. 9.1 zusammengefasst und führen zu folgendem Fazit:

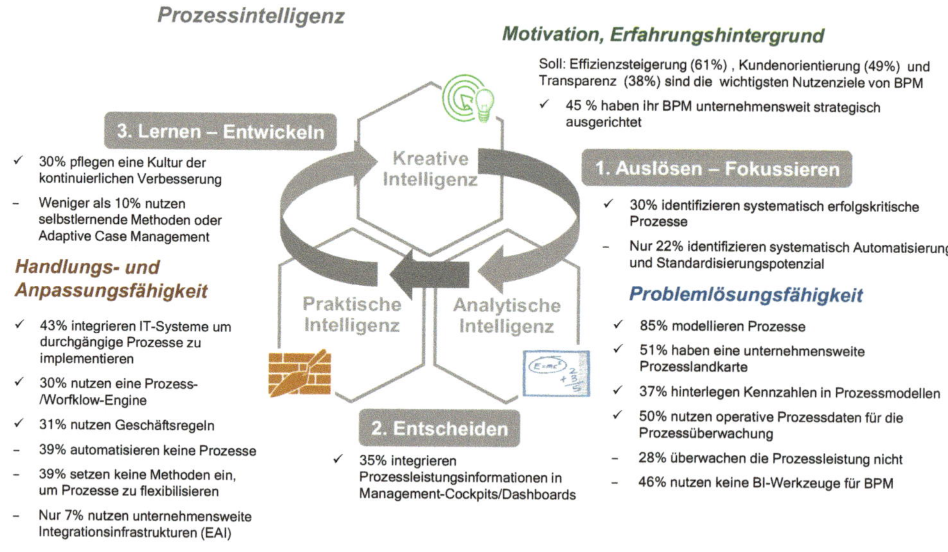

◘ Abb. 9.1 Zusammenfassung der Ergebnisse der Online-Befragung

Effizienz und Kundenorientierung ...

stehen als wichtigste Nutzenversprechen im Fokus des Prozessmanagements, aber die Ergebnisse lassen Zweifel aufkommen, ob alle befragten Unternehmen in der Lage sind, die Erreichung dieser Ziele mit ihrem Prozessmanagement und den bis dato eingesetzten Methoden und Werkzeugen zu unterstützen. Grosse Unternehmen haben eine deutlich höhere Motivation, ihre Effizienz mit Prozessmanagement zu steigern (71 %) als kleinere und mittlere Unternehmen (45 %).

 **Strategische Ausrichtung und organisatorische Verankerung …**

des Prozessmanagements sind im Bewusstsein der Unternehmen und auf einem guten Weg. Fast die Hälfte der Befragten betrachtet ihr Prozessmanagement als strategisch ausgerichtet und mehr als die Hälfte haben prozessbezogene Rollen implementiert.

 **Standardisierungs- und Automatisierungspotenzial …**

wird von nicht einmal einem Viertel der befragten Unternehmen systematisch identifiziert. Hier scheint methodisch Nachholbedarf für das Prozessmanagement zu bestehen, um dem Ziel der Effizienzsteigerung näher zu kommen.

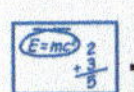 **Transparenz …**

in der Gestalt von Prozesslandkarten, -modellen und darin hinterlegten Kennzahlen ist für die Mehrzahl der befragten Unternehmen realisiert. Damit sind wichtige Grundlagen für die Analyse und Optimierung von Prozessen geschaffen.

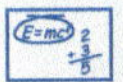 **Überwachung der Performanz der Prozesse …**

findet bei über einem Viertel der befragten Unternehmen nicht statt. Erstaunlich vor dem Hintergrund, dass mehr als 60 % der Befragten angeben, Prozessmanagement als Hebel für Effizienzsteigerung einsetzen zu wollen. Die Zurückhaltung insbesondere bei KMU lässt sich teilweise mit der geringeren Relevanz der Effizienzsteigerung als Motivation für das Prozessmanagement erklären. Oder KMU haben schlichtweg andere Mittel und Wege, Effizienz sicherzustellen, als grosse Unternehmen, bei denen Geschäftsvolumen, Arbeitsteilung und geographische Verteilung der Mitarbeitenden in der Regel ausgeprägter sind und das Prozessmanagement gefordert ist, um Transparenz über die Prozessleistung und Konformität zu schaffen.

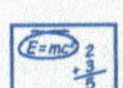 **Operative Prozessdaten …**

Werden bereits von der Hälfte der befragten Unternehmen für die Prozessüberwachung und Prozessleistungsmessung eingesetzt. Auch hier sind grosse Unternehmen im Lead. Historische Daten aus Geschäftsapplikationen und Datenbanken sind die wichtigsten Quellen. Log-Daten aus Prozess/Workflow-Engines sind weniger präsent und werden selbst von Unternehmen, die eine solche Engine nutzen nicht immer ausgewertet.

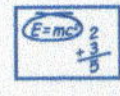 **Synergien zwischen den Disziplinen Prozessmanagement und Business Intelligence …**

werden eindeutig nicht ausgenutzt. Kleineren Unternehmen fehlen in Sachen BI-Infrastruktur häufig die Voraussetzungen. Rund ein Drittel der Unternehmen mit weniger als 500 Mitarbeitenden hat keine BI-Infrastruktur. Aber selbst wenn eine BI-Infrastruktur vorhanden ist, nutzt fast die Hälfte aller befragten Unternehmen diese nicht für das Prozessmanagement. Eine Ausnahme bildet das Reporting. Mit Blick auf die strategische Ausrichtung und entscheidungsunterstützende Rolle des Prozessmanagement ist die Integration von Prozessleistungsdaten in Management-Cockpits bei mehr als einem Drittel der Befragten realisiert.

Prozess-Automatisierung …

findet bei deutlich mehr als einem Drittel der befragten Unternehmen nicht statt. Es stellt sich die Frage, ob die Ansatzpunkte fehlen, da das Automatisierungspotenzial kaum systematisch erhoben wird. Wenn, dann wird Automatisierung bei den meisten Unternehmen durch Systemintegration gelöst. Nur etwa ein Drittel der Befragten setzt eine Prozess- oder Workflow-Engine für die Automatisierung ein.

Integrationsinfrastruktur …

ist bei mehr als einem Drittel der befragten Unternehmen nicht vorhanden. Wenn integriert wird, dann über Standardkonnektoren oder eigenentwickelte Schnittstellen mit entsprechenden Auswirkungen auf die Implementierungszeiten bei Automatisierungsprojekten. Voraussetzungen für Prozessorchestrierung und Service-orientierte Architekturen wie Enterprise Application Integration (EAI) beziehungsweise ein Enterprise Service Bus fehlen. Die integrierte Betrachtung von Enterprise Architecture und Prozessmanagement scheint sich primär auf das Hinterlegen von Applikationen in Prozesslandkarten zu beschränken.

Geschäftsregeln …

sind etablierter als erwartet und sowohl bei grossen als auch bei kleinen und mittleren Unternehmen im Einsatz. Fast ein Drittel der befragten Unternehmen verfügt somit über eine solche (wie auch immer ausgeprägte) Grundlage für die Flexibilisierung von Prozessen.

Prozess-Flexibilisierung …

wäre hilfreich, um das hochpriorisierte Nutzenziel der Kundenorientierung zu erreichen. Aber fast 40 % der Unternehmen setzen hierfür keine Methoden oder Werkzeuge ein. Das hat sicher auch mit dem niedrigen Automatisierungsgrad grundsätzlich zu tun, der bei gering strukturierten und wissensintensiven Prozessen mit grosser Wahrscheinlichkeit noch tiefer ist. In der IT-Unterstützung für kollaborative wissensintensive Prozesse scheint grosses Potenzial zu liegen. Existierende Methoden wie Adaptive Case Management, ad-hoc-Workflows oder lernende Systeme, die Entscheide in Prozessen auf der Basis von aggregierten und analysierten Prozessdaten unterstützen können, sind bei den befragten Unternehmen kaum im Einsatz.

⊂⟳ Kontinuierliche Verbesserung …

sieht fast ein Drittel der Befragten als festen Bestandteil ihrer Unternehmenskultur. Doch haben die Unternehmen die Voraussetzungen, um den Loop zur kontinuierlichen Verbesserung zu schliessen? Nutzen sie die Erkenntnisse, die sie aus ihren Prozessdaten gewinnen könnten, um ihre Prozesse effizienter, effektiver und flexibler zu machen? Teilweise ja, aber gerade KMUs sehen Prozessmanagement nicht als wichtigsten Hebel und/oder haben teilweise die infrastrukturellen Voraussetzungen (BI und BPM) nicht. Nutzen Organisationen Prozessintelligenz, um zu einer lernenden Organisation zu werden? Hier kann die quantitative Umfrage keine abschliessende Antwort geben. Aber die im Rahmen dieser Studie analysierten Fallstudien zeigen auf, dass Prozessmanagementinitiativen durchaus wichtige Impulse in diese Richtung geben können.

9.2   Best Practices «Prozessintelligenz»: Erfolgsmuster in der Praxis

Was zeichnet Organisationen mit Prozessintelligenz aus? Was machen die in den Fallstudien portraitierten Unternehmen anders oder besser als andere Organisationen? Auf welche kreativen, analytischen und praktischen Fähigkeiten greifen sie zurück, um ihre Geschäftsprozesse wirksam für die Erreichung der Geschäftsziele zu gestalten? Die Beantwortung dieser Fragen war Ziel des Praxisworkshops «Prozessintelligenz», der im Rahmen dieser Studie stattgefunden hat.

Während die Ergebnisse der Online-Befragung ein rein quantitatives Bild vom Status quo «Prozessintelligenz» vermitteln, erlaubte der eintägige Praxisworkshop mit fünf Unternehmen einen vertieften Einblick in verschiedene Problemstellungen und Lösungsansätze für Prozessintelligenz (vgl. Abschn. II). Der Praxisworkshop hatte keinen Anspruch auf Vollständigkeit, sondern sollte ein breites Spektrum an Awendungsszenarien, Methoden und Technologien und Erfahrungen zusammenbringen. Die Debriefings im Vorfeld des Workshops, die Präsentationen und Diskussionen im Workshop sowie die Dokumentation der Fallstudien im Anschluss schärften nicht nur die Hypothesen, sondern erlauben Rückschlüsse auf mögliche Lösungselemente und Erfolgsmuster für den Einsatz von Prozessintelligenz in Unternehmen.

Organisationen mit Prozessintelligenz …

sind in der Lage, **relevante Probleme und Chancen** in ihren Geschäftsprozessen zu erkennen und zu adressieren.

richten die analytischen und praktischen Fähigkeiten des Prozessmanagement auf die operativen und strategischen Prämissen und letztlich auf **die Erreichung der Geschäftsziele** aus.

sind besser als andere Organisationen in der Lage, ihre **Stärken zu nutzen und ihre Schwächen zu kompensieren.**

identifizieren Automatisierungs- und Standardisierungspotenzial, indem sie in ständigem Dialog mit dem Business stehen und so geeignete Prozesskandidaten identifizieren.

sind **mutiger**, wenn es darum geht, neue oder unkonventionelle Wege zu gehen.

pflegen Prozessmodelle, die nicht nur die Struktur, sondern die **Leistungsparameter, Kennzahlen** und **Risiken** der Prozesse erfassen.

binden die Anspruchsgruppen und Prozessbeteiligten mithilfe intuitiver und kollaborativer Elemente in die **Prozessmodellierung** ein, um die Modelle aktuell, verständlich und handlungsrelevant zu halten und die Beteiligten in die Prozessoptimierung einzubinden.

nutzen IT-gestützte analytische Verfahren wie **Process Mining** oder Simulation, um ihre Prozessanalysen zu **objektivieren** und die Prozessoptimierung zu unterstützen. Diese Verfahren erlauben eine «wertneutrale» Analyse von Prozessen und ergänzen klassische Methoden der Prozessanalyse wie etwa Interviews, Workshops oder Beobachtungen, die von subjektiven menschlichen Faktoren beeinflusst sind.

nutzen **Simulation**, um Prozesse **proaktiv** zu steuern und Rückschlüsse auf das reale Prozessverhalten und bestimmten Bedingungen zu ziehen. Simulationen verhelfen zu einer klaren Sicht auf die relevanten Parameter von Prozessleistung und Prozessrisiken.

führen eine Prozessanalyse immer auf der Grundlage **geschäftsgetriebener Annahmen** durch, da diese nur dann zu sinnvollen und handlungsrelevanten Ergebnissen führen.

scheuen den Abgleich zwischen Modell und realer Prozessausführung nicht, sondern **überwachen** ihre operativen Prozesse, identifizieren Abweichungen und Schwachstellen und reagieren darauf.

verfügen über die Möglichkeiten, Informationen aus und über Prozesse so zu verarbeiten und aufzubereiten, dass sie Lösungsstrategien abwägen, bessere Entscheide fällen und/oder neue Handlungsmöglichkeiten entdecken können.

nutzen operative Daten, um Transparenz über die Struktur und Leistung der realen Prozesse herzustellen. Daten aus der Prozessausführung sind sowohl für die Analytik (z. B. Process Mining) als auch für die Steuerung und Planung der Prozesse essentiell (z. B. Kapazitätsplanung, Simulation, Kontextorientierung/Flexibilisierung).

schaffen es, die Prozessausführung dem Kontext anzupassen, aber auch die **Rahmenbedingungen** eines Prozesses so zu **verändern**, dass ein Geschäftsprozess zielgerecht ablaufen kann (z. B. durch Ressourcenmanagement, IT-Unterstützung/Automatisierung).

können die **Kundenorientierung** auch in standardisierten Prozessen aufrechterhalten, da sie die Bedürfnisse der Anspruchsgruppen kennen und ihre Prozesse konsequent **End-to-End** auf diese ausrichten.

setzen in ihren Lösungen **Geschäftsregeln** (Business Rules) ein, um die Komplexität der Geschäftslogik von den Prozessen zu entkoppeln. Auf diese Weise können sie Veränderungen (z. B. neue Tarife, Produkte etc.) rasch abbilden, ohne Prozesse anpassen zu müssen.

betreiben **Ressourcenplanung** integriert mit der Prozessoptimierung als Teil des Prozessmanagements und leisten so einen Beitrag zur Effizienzsteigerung und kontinuierlichen Verbesserung.

nutzen **Personalentwicklung** und **Anreizsysteme** (Mitarbeiterbeurteilung) für die Prozessoptimierung.

schaffen ein Bewusstsein für Prozesskennzahlen bei den Mitarbeitenden.

schaffen es, eine Bereitschaft für Verbesserung und Veränderung in der Unternehmenskultur zu verankern.

nehmen **Einfluss auf die Aufbauorganisation** und passen diese an, wenn ein neuer oder veränderter Prozess dies erfordert.

schaffen es, operative Prozessdatenspeicher als **Wissensdatenbanken** zu nutzen, die nicht nur für zukünftige Geschäftsfälle/Prozessinstanzen genutzt werden können, sondern auch für die Optimierung des Prozesses grundsätzlich.

betrachten Prozessintelligenz nicht als feste Grösse, sondern als Gegenstand eines permanenten Lernprozesses, der darauf abzielt die kreativen, analytischen und praktischen Fähigkeiten anforderungsgerecht zu verbessen und so zu einer **Lernenden Organisation** zu werden.

Die Ausgangshypothese und Arbeitsdefinition für die Studie hat sich bei der Auswertung der Fallstudien bestätigt:

» Prozessintelligenz ist mehr als Datensammlung und Analytik. Prozessintelligenz umfasst die kreativen, analytischen und praktischen Fähigkeiten, mit denen eine Organisation ihre Geschäftsprozesse gestaltet, ausführt, überwacht und fortlaufend weiterentwickelt.

Anhang

Anhang zur quantitativen Studie

Denisa Kykalová

© Der/die Autor(en) 2018
E. Brucker-Kley et al. (Hrsg.), *Prozessintelligenz*, https://doi.org/10.1007/978-3-662-55705-1_10

10.1   Teilnehmerkreis der Online-Befragung

TEILNEHMENDE NACH LAND DER GESCHÄFTSTÄTIGKEIT DES UNTERNEHMENS

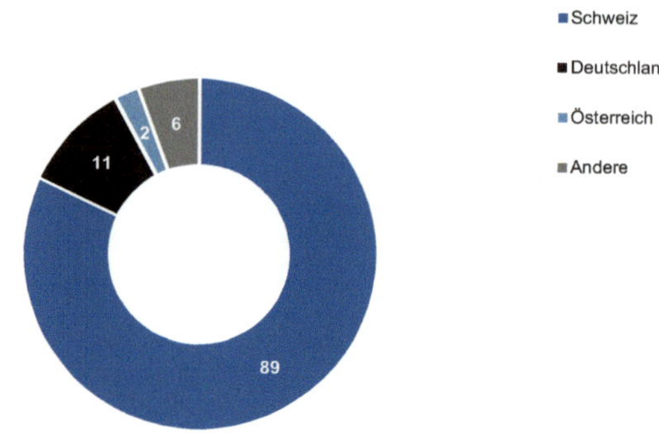

Frage A5 (Mehrfachnennungen möglich)   in %, N=82

◨ **Abb. 10.1**   Teilnehmende nach Land der Geschäftstätigkeit des Unternehmens

TEILNEHMENDE NACH GRÖSSE DES UNTERNEHMENS

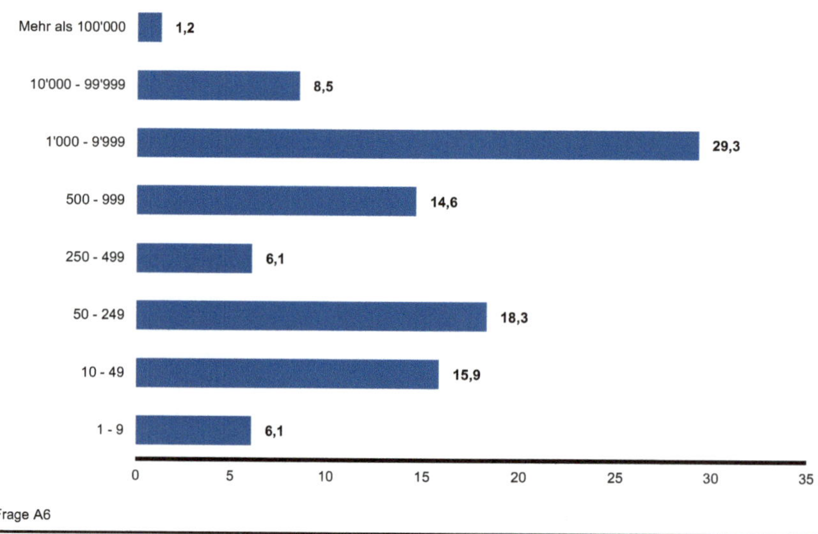

Frage A6   in %, N=82

◨ **Abb. 10.2**   Teilnehmende nach Grösse des Unternehmens

TEILNEHMENDE NACH BRANCHENGRUPPE

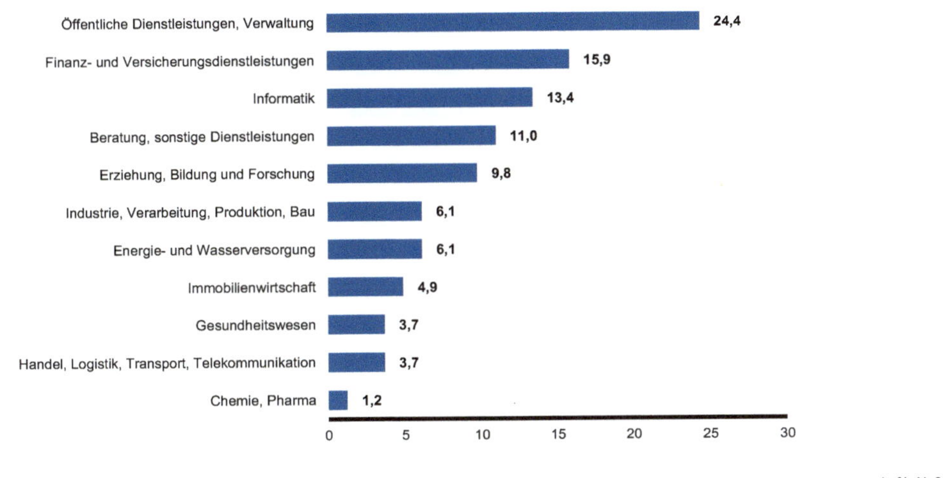

◻ **Abb. 10.3**   Teilnehmende nach Branchengruppe

TEILNEHMENDE NACH GRÖSSE DES UNTERNEHMENS

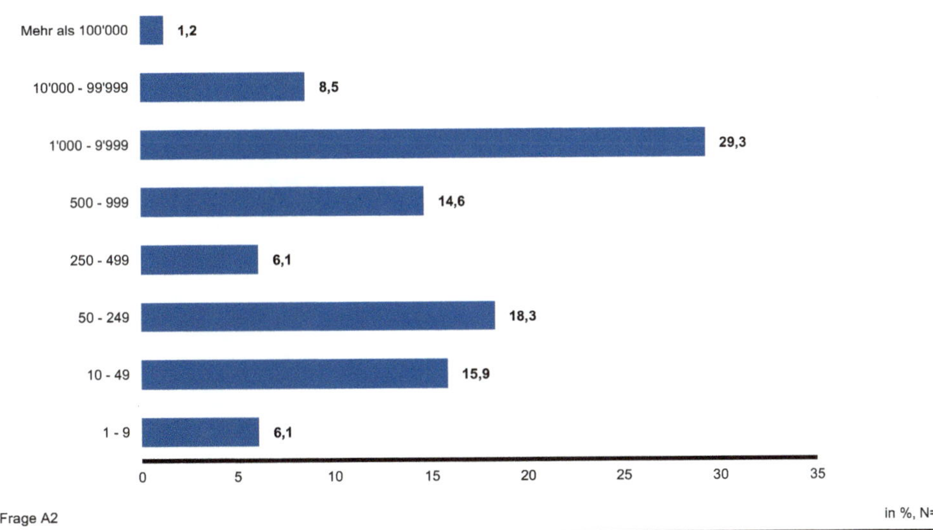

◻ **Abb. 10.4**   Teilnehmende nach Position

TEILNEHMENDE NACH FUNKTIONSBEREICH

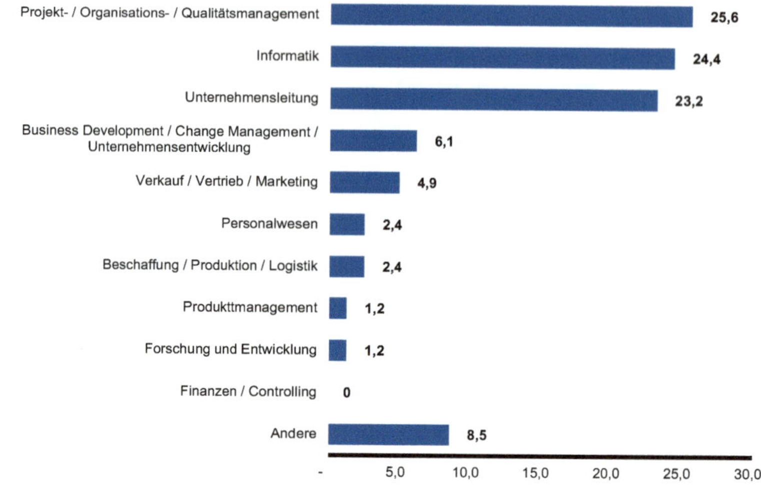

◼ Abb. 10.5   Teilnehmende nach Funktionsbereich

TEILNEHMENDE NACH WAHRNEHMUNG EINER PROZESSFUNKTION

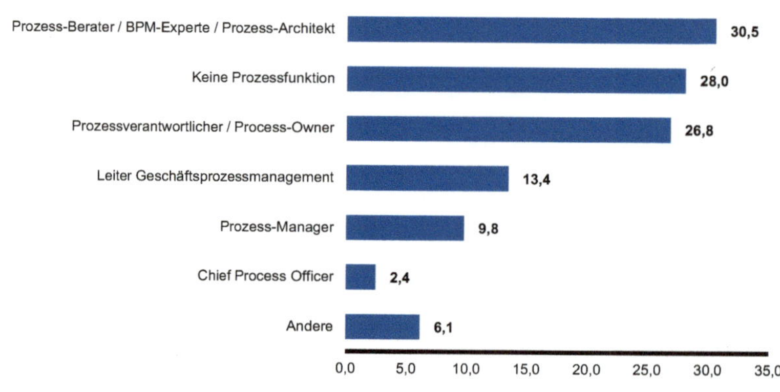

◼ Abb. 10.6   Teilnehmende nach Wahrnehmung einer Prozessfunktion

10.2   Fragenkatalog der Online-Befragung

Fragen und Antwortmöglichkeiten	Antworttyp
A – Allgemeine Fragen	
A1 **In welchem Funktionsbereich Ihres Unternehmens sind Sie tätig?**	Mehrfach
Unternehmensleitung	
Forschung und Entwicklung	
Beschaffung/Produktion/Logistik	
Verkauf/Vertrieb/Marketing	
Business Development/Change Management/Unternehmensentwicklung	
Projekt-/Organisations-/Qualitätsmanagement	
Produktmanagement	
Finanzen/Controlling	
Personalwesen	
Informatik	
Andere – Bitte nennen:	
A2 **Ihre Position**	Mehrfach
Verwaltungsrat/Aufsichtsrat	
Geschäftsleitung	
Leiter Fachbereich/Business-Unit	
Leiter Stabstelle	
Leiter Abteilung	
Business Analyst	
Entwickler	
Projektleiter	
Programmleiter	
Berater	
IT-Architekt	
Fachexperte/Spezialist	
Andere – Bitte nennen:	

	Fragen und Antwortmöglichkeiten	Antworttyp
A3	**Üben Sie eine Prozessfunktion aus?**	Mehrfach
	Keine	
	Chief Process Officer	
	Leiter Geschäftsprozessmanagement	
	Prozess-Berater/BPM-Experte/Prozess-Architekt	
	Prozessverantwortlicher/Process-Owner	
	Prozess-Manager	
A4	**Welcher Branche gehört Ihre Organisation an?**	Single
	Energie- und Wasserversorgung	
	Verarbeitung, Produktion, Bau	
	Chemie, Pharma	
	Immobilienwirtschaft	
	Handel, Logistik, Telekommunikation	
	Öffentliche Dienstleistungen	
	Gesundheitswesen	
	Beratung, sonstige Dienstleistungen	
	Finanz- und Versicherungsdienstleistungen	
	Erziehung, Bildung und Forschung	
	Informatik	
	Andere – Bitte nennen:	
A5	**In welchem Land ist Ihre Organisation tätig?**	Mehrfach
	Schweiz	
	Deutschland	
	Österreich	
	Andere – Bitte nennen:	

	Fragen und Antwortmöglichkeiten	Antworttyp
A6	**Wie viele Mitarbeitende zählt Ihre Organisation zurzeit in diesem Land?**	Single
	1–9	
	10–49	
	50–249	
	250–499	
	500–999	
	1000–9999	
	10.000–99.999	
	Mehr als 100.000	
	Kann ich nicht beurteilen	
A7	**Wie viele Mitarbeitende zählt Ihre Organisation zurzeit weltweit?**	Single
	1–9	
	10–49	
	50–249	
	250–499	
	500–999	
	1000–9999	
	10.000–99.999	
	Mehr als 100.000	
	Kann ich nicht beurteilen	

Fragen und Antwortmöglichkeiten	Antworttyp
B – Ausrichtung und Verankerung des Geschäftsprozessmanagements	
B1 **Welchen Nutzen verfolgt Ihre Organisation mit dem Management von Geschäftsprozessen gegenwärtig?** Bitte kreuzen Sie die aktuell fünf wichtigsten für Ihren Leistungsauftrag an:	Mehrfach
Kundenorientierung verbessern (Customer Centricity)	
Produktqualität erhöhen	
Innovation und Geschäftsentwicklung zu unterstützen (z. B. neue Geschäftsmodelle)	
Mitarbeiterzufriedenheit erhöhen	
Reaktionsgeschwindigkeit und -flexibilität auf sich ändernde Rahmenbedingungen erhöhen	
Unterstützung von strategischen und operativen Entscheidungen	
Umsetzung der Unternehmensstrategie und ihrer Ziele	
Verminderung oder Vermeidung von Geschäftsrisiken (Risk Management, Internes Kontrollsystem)	
Erfüllung regulatorischer Auflagen (Compliance, Governance, Prozesssicherheit)	
Effizienzsteigerung (z. B. Standardisierung der Arbeitsabläufe, Prozessbeschleunigung)	
Transparenz der Prozesse herstellen (Dokumentation)	
Realisierung durchgängiger End-to-End-Prozesse (bereichs-/unternehmensübergreifend)	
Unterstützung von Insourcing-/Outsourcing-Entscheidungen	
Unterstützung des Qualitätsmanagements (z. B. zwecks ISO-Zertifizierung)	
Unterstützung von mobilen Prozessen	
Aktive Ressourcen-/Kapazitätssteuerung	
Kostentransparenz/Kostenkontrolle/-reduktion	
Unterstützung von Projekten und/oder Change Management	
Andere – Bitte nennen:	
Kann ich nicht beurteilen	

	Fragen und Antwortmöglichkeiten	**Antworttyp**
B2	**Wie ist die Ausprägung Ihres Prozessmanagements und seine Verankerung/Integration in der Organisation?** Bitte kreuzen Sie Zutreffendes an:	Mehrfach
	Wir beschäftigen uns nur mit einzelnen, konkreten Prozessen (Einzelprojekte/-initiativen) ohne unternehmensweite Einbettung	
	Wir sind in der Planungs- oder Einführungsphase für ein unternehmensweites Prozessmanagement	
	Unser Prozessmanagement ist unternehmensweit ausgerichtet und strategisch positioniert	
	Wir haben prozessspezifische Rollen in unserer Organisation (z. B. Prozessverantwortliche)	
	Wir verfügen über eine unternehmensweite Prozesslandkarte, in die unsere Prozesse eingebettet sind	
	Wir identifizieren systematisch geschäftskritische Prozesse	
	Wir pflegen eine Kultur der kontinuierlichen Verbesserung unserer Prozesse, die im Unternehmen verankert und mit entsprechenden Instrumenten, Anreizen und Massnahmen unterstützt wird (z. B. Kaizen)	
	Wir identifizieren systematisch Prozesse mit Standardisierungs- und/oder Automatisierungspotenzial	
	Wir verknüpfen/integrieren das Prozessmanagement mit anderen Managementdisziplinen und -instrumenten, um die Unternehmung prozessorientiert zu führen (z. B. prozessbasiertes Enterprise Architecture Management, Risikomanagement, Balanced Scorecard)	
	Wir überwachen die effektive Prozessleistung auf der Basis operativer Daten und leiten Massnahmen für das Prozessdesign und die Prozessausführung ab	
	Wir unterstützen flexible, kontextabhängige oder ad-hoc-Ausführung von Prozessen (z. B. durch Geschäftsregeln, Ereignisregeln, Adaptive Case Management)	
	Wir binden die Prozessbeteiligten/Fachexperten in das Prozessdesign und -redesign ein, indem wir es um kollaborative Elemente erweitern (z. B. intuitive kollaborative Modellierung)	
	Andere – Bitte nennen:	
	Kann ich nicht beurteilen	

Fragen und Antwortmöglichkeiten	Antworttyp
C – Status-quo-Modellierung, Automatisierung, Optimierung & Datenquellen	
C1 **Modellieren Sie Ihre Geschäftsprozesse?** Bitte kreuzen Sie Zutreffendes an:	Single
Nein	
Wir modellieren Prozesse uneinheitlich	
Wir modellieren Prozesse unternehmensweit einheitlich (mit methodischen Vorgaben)	
Kann ich nicht beurteilen	
Andere – Bitte nennen:	
C2 **Wie unterstützen Sie die Umsetzung/Ausführung Ihrer Prozesse?** Bitte kreuzen Sie Zutreffendes an:	Mehrfach
Gar nicht	
Wir hinterlegen Arbeitsanweisungen, Dokumentenvorlagen und Hilfsmitteln in den Prozessmodellen	
Wir hinterlegen die für die Ausführung eingesetzten Applikationen in den Prozessmodellen, sodass diese aus dem Modell aufgerufen werden können	
Wir automatisieren Prozesse mit einer Prozess-/Workflow-Engine	
Wir integrieren IT-Systeme (GUIs/Daten/Services), um Prozesse durchgängig oder teilweise zu automatisieren	
Wir nutzen konfigurierbare Standard-Prozessworkflow-Lösungen (z. B. Kreditorenworkflow oder branchenspezifisch: EnergieDatenManagement-Systeme)	
Andere – Bitte nennen:	
Kann ich nicht beurteilen	

	Fragen und Antwortmöglichkeiten	**Antworttyp**
C3	**Welche Methoden setzen Sie ein, um die Performanz/Konformität Ihrer Prozesse zu überwachen/analysieren/optimieren/steuern?** Bitte kreuzen Sie Zutreffendes an:	Mehrfach
	Keine	
	Hinterlegung von Prozess-Kennzahlen und -Zielen in Prozessmodellen	
	Simulation von alternativen Prozessabläufen	
	Simulation zur Analyse der Prozessleistung mittels Parametern (Zeit, Ressourcenverbrauch, etc.)	
	Process Mining (um Prozesse aus operativen Prozessausführungs-Daten erkennen und analysieren)	
	Process-Controlling mit historischen Log-Daten aus einer Prozess/Workflow-Engine	
	Process-Controlling mit historischen Daten aus anderen operativen Systemen und Quellen (z. B. Anwendungen, Datenspeichern, Datawarehouses)	
	Prozesskostenrechnung oder Activity Based Costing	
	Six Sigma	
	Wertstromanalyse (Value Stream Analysis)	
	Prozess-Instanz-Monitoring/Verfolgung von Geschäftsfällen (Fast/Echtzeit-Überwachung von Prozessabwicklungsstatus und/oder Kennzahlen einzelner Prozessschritte einzelner Prozessvorfälle)	
	Business-Activity-Monitoring/Monitoring von Geschäftsprozessen (Fast/Echtzeit-Überwachung von Prozess-KPIs, die sich aus operativen Prozesseinzeldaten aggregieren)	
	Andere – Bitte nennen:	
	Kann ich nicht beurteilen	

	Fragen und Antwortmöglichkeiten	**Antworttyp**
C4	**Welche Methoden setzen Sie ein, um die Flexibilität und Kontextsensitivität Ihrer Prozesse zu ermöglichen?** Bitte kreuzen Sie Zutreffendes an:	Mehrfach
	Keine	
	Formalisierte Geschäftsregeln (um die Ausführung komplexer Prozesse zu steuern, z. B. durch eine Business Rules Engine)	
	Formalisierte Ereignisregelung (um auf Ereignisse in der Prozessausführung reagieren zu können, z. B. durch eine Event Engine)	
	Zugriff auf Wissensbasen (um Entscheide in der Prozessausführung zu unterstützen)	
	Adaptive Case Management (um Entscheidungen und Prozesssteuerung in wissensintensiven und nur teilweise vordefinierbaren Prozessen zu unterstützen)	
	Ad-hoc Workflows (um Prozessbeteiligte/Fachexperten bei der Auslösung/Auswahl/Definition von Aktivitäten in nicht vordefinierbaren Prozessen zu unterstützen)	
	Agile Methoden (um Fachexperten die kollaborative und intuitive Modellierung und Anpassung von Prozessen im Rahmen der Prozessausführung zu ermöglichen, z. B. flexibles, beschleunigtes und praxisnahes Prozess(re)design)	
	Prädiktive und selbstlernende Methoden (um auf der Grundlage von Erfahrungsdaten aus vergangenen Prozessdurchläufen Rückschlüsse auf den Ablauf aktueller und künftiger Prozesse zu ziehen, z. B. durch data mining)	
	Andere – Bitte nennen:	
	Kann ich nicht beurteilen	
C5	**Falls Sie Daten aus der Prozessausführung für die Analyse nutzen, woher beziehen Sie diese Daten?**	Mehrfach
	Wir analysieren keine Prozessausführungsdaten	
	Log-Dateien aus einer Process/Workflow Engine	
	Operative Daten aus transaktionellen Anwendungen (ERP, CRM, SCM, etc.)	
	Datenspeicher/-banken	
	Datawarehouse/Datamarts	
	Nutzungsdaten (Internet, Social Media)	
	Daten von intelligenten Dingen, Sensoren etc. (Internet of Things)	
	Andere – Bitte nennen:	
	Kann ich nicht beurteilen	

	Fragen und Antwortmöglichkeiten	Antworttyp
C6	**Wo sehen Sie die Resultate dieser Analysen?**	Mehrfach
	Im BPM-System, Prozessportal bzw. in Reports aus dem BPM-System	
	In Standard-Reports, die ausserhalb des BPM-Systems erstellt werden	
	In einer interaktiven Reportingumgebung, die queries, drill-downs etc. erlaubt	
	In einem Dashboard oder Cockpit im Kontext mit anderen Management-Informationen	
	Im Kontext der Prozess-Perspektive einer Balanced Scorecard	
	In Form von Alerts, die auf spezielle Ereignisse oder Abweichungen hinweisen	
	Andere – Bitte nennen:	
	Kann ich nicht beurteilen	

	Fragen und Antwortmöglichkeiten	Antworttyp
	D – Status quo Business Intelligence	
D1	**Verfügt Ihre Organisation über eine Business-Intelligence (BI)-Infrastruktur für die Aggregation, Analyse und Präsentation geschäftsrelevanter Daten? Welche Elemente/Werkzeuge einer BI-Infrastruktur nutzen Sie in Ihrer Organisation?**	Mehrfach
	Keine	
	Datenbanken, DBMS	
	Multidimensional OLAP/OLAP-Würfel	
	Datenintegration- und transformation (z. B. EAI/SOA, Konnektoren, ETL)	
	Datenaggregation (Datawarehousing, Datamarts)	
	Data Mining/Text Mining/Process Mining	
	Predictive modeling	
	Web und Social Media analytics	
	Strategisches Performance Management (z. B. Scorecards, KPIs)	
	Reporting (Standard, Drill-down, Ad-hoc)	
	Dashboard, Reporting-Cockpit/Portal	
	Alerts (E-Mail, RSS, etc.)	
	Andere – Bitte nennen:	
	Kann ich nicht beurteilen	

Fragen und Antwortmöglichkeiten	Antworttyp
D2 **Wird diese BI-Infrastruktur für das Prozessmanagement genutzt?** Bitte kreuzen Sie an, welche der Komponenten-Typen im Rahmen Ihres Prozessmanagements genutzt werden.	Mehrfach
Wir setzen keine BI-Technologien für das Prozessmanagement ein	
Datenbanken, DBMS	
Multidimensional OLAP/OLAP-Würfel	
Datenintegration- und transformation (z. B. EAI/SOA, Konnektoren, ETL)	
Datenaggregation (Datawarehousing, Datamarts)	
Data Mining/Text Mining/Process Mining	
Predictive modeling	
Web und Social Media analytics	
Strategisches Performance Management (z. B. Scorecards, KPIs)	
Reporting (Standard, Drill-down, Ad-hoc)	
Dashboard, Reporting-Cockpit/Portal	
Alerts (E-Mail, RSS, etc.)	
Andere – Bitte nennen:	
Kann ich nicht beurteilen	

Fragen und Antwortmöglichkeiten	Antworttyp
E – Status quo BPM-Infrastruktur	
E1 **Mithilfe welcher softwarebasierten Werkzeugen modellieren Sie Ihre Prozesse?**	Mehrfach
Keine, wir modellieren nicht	
Zeichnungs-System wie Microsoft Office (Visio, PowerPoint)	
System für die textbasierte Dokumentation von Prozessen	
Datenbankbasierte graphische Prozess-Modellierungswerkzeuge	
BPMS Suite (deckt den gesamten BPM-Lebenszyklus inkl. Prozessautomatisierung ab)	
Enterprise Content Management (ECM) System	
Branchenunabhängige Standardsoftware (z. B. ERP, CRM)	
Branchenspezifische Standardsoftware	
Firmenspezifische Individualsoftware	
Andere – Bitte nennen:	
Kann ich nicht beurteilen	

	Fragen und Antwortmöglichkeiten	Antworttyp
E1a	**Von welchen Anbietern stammen diese Modellierungswerkzeuge?**	Mehrfach
	Appway (Appway)	
	AxonIvy (Axon.ivy Modeller)	
	Bizagi (Bizagi)	
	BOC Group (ADONIS)	
	Bosch Software Innovations GmbH (Inubit)	
	Corel Corporation (iGrafx)	
	IBM	
	ibo Software GmbH (ibo Prometheus)	
	intellior AG (Aeneis)	
	itp commerce ltd. (Process Modeler for Microsoft Visio)	
	Microsoft Corporation	
	MID (Innovator)	
	Oracle	
	SAP	
	Signavio (Signavio)	
	Software AG (ARIS)	
	ViCon GmbH (ViFlow)	
	Andere – Bitte nennen:	
	Kann ich nicht beurteilen	
E2	**Mithilfe welcher softwarebasierten Werkzeuge automatisieren Sie Ihre Prozesse?**	Mehrfach
	Keine, wir automatisieren nicht	
	BPMS Suite (deckt den gesamten BPM-Lebenszyklus inkl. Prozessautomatisierung) ab	
	Workflow Management System (WfMS)	
	Enterprise Application Integration (EAI) Infrastruktur	
	ERP-Systems (z. B. SAP)	
	Konfigurierbare Standard-Prozessworkflow-Lösungen (z. B. Kreditorenworkflow oder branchenspezifisch: EnergieDatenManagement-Systeme)	
	Andere – Bitte nennen:	
	Kann ich nicht beurteilen	

	Fragen und Antwortmöglichkeiten	Antworttyp
E2a	**Von welchen Anbietern stammen diese Automatisierungswerkzeuge?**	Mehrfach
	Appway (Appway)	
	AxonIvy (Xpert.ivy)	
	Bizagi (Bizagi)	
	Bosch Software Innovations GmbH (Inubit)	
	edorasware AG	
	IBM	
	Oracle	
	SAP	
	Software AG (ARIS)	
	Tibco	
	Andere – Bitte nennen:	
	Kann ich nicht beurteilen	
E3	**Welche Infrastruktur für die Integration/Orchestrierung von Prozessen/ Services/Daten nutzen Sie in Ihrer Organisation?**	Mehrfach
	Keine	
	Eigenentwickelte Schnittstellen	
	Standardisierte Konnektoren	
	Messages Oriented Middleware (MOM)	
	Enterprise Service Bus (ESB)	
	Object Request Broker (ORB)	
	Andere – Bitte nennen:	
	Kann ich nicht beurteilen